大学生创新创业指南

杨梅　王玲　平婧　著

延吉·延边大学出版社

图书在版编目（CIP）数据

人学生创新创业指南 / 杨梅，工玲，平婧著. -- 延吉：延边大学出版社, 2024. 6. -- ISBN 978-7-230-06712-6

Ⅰ. G647.38-62

中国国家版本馆 CIP 数据核字第 2024XC7850 号

大学生创新创业指南

著　　者：	杨　梅　王　玲　平　婧
责任编辑：	赵　颖
封面设计：	文合文化
出版发行：	延边大学出版社
地　　址：	吉林省延吉市公园路977号　　邮　编：133002
网　　址：	http://www.ydcbs.com　　E-mail：ydcbs@ydcbs.com
电　　话：	0433-2732435　　传　真：0433-2732434
印　　刷：	长春市华远印务有限公司
开　　本：	787毫米×1092毫米　1/16
印　　张：	10.25
字　　数：	200千字
版　　次：	2024年6月第1版
印　　次：	2024年6月第1次印刷
书　　号：	ISBN 978-7-230-06712-6
定　　价：	48.00元

前　言

在这个飞速发展的时代，创新与创业已成为推动社会进步和经济发展的双引擎。大学生创新创业不仅是实现自我价值、探索职业生涯的重要途径，更是促进社会变革、引领未来趋势的关键力量。本书旨在为广大有志于创新创业的大学生提供一本全面、实用的指导手册，帮助他们在创新创业的道路上走得更稳、更远。

本书共分七章，内容涵盖了从创新创业的基础理论知识到具体实践操作的全过程。在这里，读者不仅可以深入了解创新创业的基本内涵、重要意义以及当前的形势与环境，还能探索如何培养和提升自己的创新思维和创业素质，如何组建和管理一个高效的创业团队，如何识别和评估创业机会与风险，如何进行创新创业项目的策划、管理、评估与改进。

本书不仅适合那些渴望走上创新创业之路的大学生阅读，也适合对创新创业教育感兴趣的教师、教育工作者以及所有关注青年创新创业的社会各界人士阅读。笔者希望通过这本书激发更多大学生的创新创业热情，助力他们在创新创业的征途上取得成功，同时也为我国的创新创业教育事业贡献一份力量。

在创新创业的道路上，每一步都充满挑战，但同时也蕴藏着无限可能。让我们一起启程，探索这个充满创新与机遇的精彩世界。

目 录

第一章 大学生创新创业概述 … 1

第一节 创新创业的内涵阐释 … 1
第二节 大学生创新创业的积极意义 … 5
第三节 创新创业的形势与环境 … 13

第二章 大学生创新思维与创业素质探究 … 24

第一节 大学生创新思维与创业能力的培养 … 24
第二节 影响大学生创业意愿和创业精神的因素 … 32
第三节 大学生创业的必备素质探究 … 37

第三章 创新创业团队建设 … 46

第一节 团队组建的原则与方法 … 46
第二节 团队成员的角色与职责 … 55
第三节 团队协作与沟通 … 63

第四章 创业机会和创业风险 … 71

第一节 创业机会的识别 … 71
第二节 创业机会的选择和评价 … 75
第三节 创业活动的风险 … 80

第五章　创新创业项目策划

第一节　市场调研与分析 90

第二节　项目定位与目标设定 101

第三节　商业模式 108

第六章　创新创业项目管理

第一节　项目启动与执行 123

第二节　项目风险的管理 127

第三节　项目进度控制与优化 133

第七章　创新创业项目评估与改进

第一节　项目成果评估 141

第二节　项目改进策略 148

参考文献 156

第一章 大学生创新创业概述

第一节 创新创业的内涵阐释

自改革开放以来,我国高等教育飞速发展,特别是进入21世纪后,高校改革更是引人注目。当前,我国高校教育正处于快速发展阶段,不仅为社会培养了众多人才,而且在自主创新和科学研究方面也取得了突破性进展,为建设创新型国家提供了坚实的人才支持。随着中国特色社会主义进入新阶段,高等教育发展也需顺应时代潮流,积极培养创新创业人才。这需要政府和企业对创新创业教育提供更多支持,实现政府、企业和高校三方的合作,共同推动我国创新创业教育事业的发展。

"大众创业,万众创新"理念的提出为高校创新创业教育注入了新的内涵,赋予了高校培养和输送创新创业型人才的重要使命。同时,创新是一个民族进步的灵魂,是一个国家兴旺发达的不竭源泉,是引领发展的第一动力。

20世纪90年代,我国高校创新创业教育开始兴起。2010年,《教育部关于大力推进高等学校创新创业教育和大学生自主创业工作的意见》明确指出,创新创业教育要面向全体学生,将其融入人才培养全过程。随着高等教育从精英化向大众化的转变,教育体制也在不断改革深化,我国高校逐渐形成了包括校企协同培养在内的多种人才培养模式。为了改善高校毕业生理论学习与工作实践脱节的问题,我国高校校企协同人才培养模式已形成多种模式、多种平台共同发展的态势。作为培养应用型、高素质、复合型人才的主要途径,校企协同培养模式已成为理论研究和教育改革的热点。目前,我国部分高校已开展校企协同培养模式。自2002年教育部开始探索创新创业教育,确定9所高校作为创新创业教育试点以来,创新创业教育已有二十余年的发展历程。期间,一些高校取得了成果,但多数高校在校企协同培养人才过程中仍存在问题,如师资力量薄弱、教育方式方法单一、与专业教育融合不足、发展理念滞后等。许多高校未能意识到构建长效稳定的校企协同培养体系的重要性,导致创新创业教育发展缓慢。为此,国务院办公厅下发了《关于深化高等学校创新创业教育改革的实施意见》,该文件指出,深化高等学校创新创业教育改革,是国家实施创新驱动发展战略、促进经济提质增效升级的迫切需要,是推进高等教育综合改革、促进高校毕业生更高质量创业就业的重要举措。因此,高校创新创业教育问题成为全社会关注的热点,得到越来越多专家学者的关注。

一、创新的内涵

经济学家约瑟夫·熊彼特从经济角度解读创新,将其视为一种商业化行为,即将新的产品或流程引入市场,形成新的生产函数。这种创新不仅涉及技术发明,更包括将现有技术应用于企业,形成新的盈利模式。熊彼特将创新分为五种情况:创造新产品、采用新生产方法、开拓新市场、获取新供应来源、实现新组织形式。我国科技界在20世纪90年代引入创新概念,并逐渐应用到各个领域。清华大学科学与社会研究所教授李正风认为,"创新"一词在我国存在两种理解,一是从经济学角度来理解创新,二是根据日常含义来理解创新。目前,人们经常谈及的创新,简单说来就是"创造并发现新事物"。然而,创新的定义并不像李正风教授所说的那么简单,多数学者认为创新难以严格界定。本书认为,创新与创业一样,也存在狭义和广义之分。狭义创新指的是在理论或方法上的发明和改进,强调技术与经济的结合。广义创新则追求各领域与经济领域的融合,体现在体制机制和知识技术等多个方面。本书将创新视为一种主体行为,指主体在社会已有资源的基础上,发明全新的事物,如科学技术、产品、思想方法等。这个定义包含四个要点:第一,创新不是孤立存在的,它建立在社会的已有成就之上;第二,创新的"新"是相对的,相对于社会现有的成果而言;第三,创新注重的是前所未有的"新";第四,创新的关键在于开创,需要主体付出努力以实现突破。

二、创业的内涵

国内外学者站在不同的视角对"创业"的含义有不同的界定,但至今还没有一个被普遍接受的定义。葛建新在其《创业学》一书中，将创业的概念分为三个层次，即狭义的创业、次广义的创业和广义的创业。狭义的创业概念是创建新组织或企业的过程。次广义的创业概念是通过企业创立事业的过程，包括创建新企业和企业内部创业。创建新企业也就是我们说的狭义的创业，企业内创业又称"公司创业"，即所谓的"二次创业"，是指在现有企业的框架内，通过在观念、技术、市场、制度、管理等方面的创新，创造新的价值，使企业产生更大活力的过程。广义的创业概念是创造新事业的过程，不论规模大小，如（非）营利性组织、（非）政府组织。复旦大学管理学院郁义鸿教授认为，创业是一个不断发现并抓住机会创造新产品、新服务，以实现自我潜能和价值的过程。李家华等人将创业视为不受当前资源限制、寻求机会、进行价值创造的行为过程，强调创业应伴随新价值的产生，无论是商业价值还是社会价值。杨艳萍将创业定义为在各个领域开创事业并在特定领域产生较大影响，包括创办企业和在其他领域取得成就。

国外学术界在界定创业概念时，常使用"抓住商业机会""创立新组织"等与狭义创业相关的词汇。他们通常将创办企业和创业放在一起研究，认为二者有联系但也有区别。西方学者往往忽略创业在文化政治层面的作用，而强调其在经济层面发现商业机会、创造物质财富的意义。除了上述关键词外，与创业广义内涵相关的词汇如"承担风险""创新""开创新事业""创造新价值"等也是西方学者的选择。

《辞海》将"创业"定义为"创立基业"，即开拓、创造业绩和成就，与"守成"相对。《现代汉语词典》将创业解释为"创办事业"，包括"创"和"业"两个字，"创"意为开创、创办，"业"意为事业、业务。在《新华字典》中"创"有始造之意。

通过整理、归纳可以发现，学者们对创业的定义主要从人的品性特征、经济价值和组织行为方式三个方面考虑。

目前，国内外有两种较为简单的创业定义：一是《辞海》中的"创立基业"，二是《英汉剑桥英语词典》中的"可获利的、需要付出努力的事业与计划"。人们通常将创业定义为创立新企业，但这种解释过于狭隘。本书认为创业是一种行为创新，是创业主体在经济、文化、政治等领域内为开拓新天地，同时给他人和社会带来机会的探索行为。它包括以下要点：首先，明确把"创业"定义为行为上的"创新"，将"创新"与"创业"有机结合，表明二者间的从属关系；其次，"创业"一词的使用范围广泛，可涉及文化、政治领域而不仅是经济领域；最后，"创业"绝不是停滞不前的行为，而是一种积极发展的探索。

三、创新与创业的关系

（一）创新与创业的内在联系

创新不是创业，但是创新与创业是密切相关的实践活动。一方面，成功的创业离不开创新。创业者要么通过创新进入一个新的领域，获得先机；要么进入一个既有的行业，面对形形色色的竞争对手，通过创新谋取竞争优势。另一方面，创新也需要创业。创新的成果经过创业的产业化发展才能更加彰显创新的价值，从而也更能激励企业和个人不断创新。

创新与创业两者的关系相互促进又相互制约，是密不可分的辩证统一体。创新是创业的基础，是创业人才必备的素质；创业是创新的载体和表现形式。创新为创业成功提供了可能性和必要的准备，但如果脱离创业实践，缺乏一定的创业能力，创新也就成了无源之水。

从创新的时效性看，企业创新特别是在科技成果推向市场的过程中，一般总是从产品创新、技术创新开始的。当产品创新和技术创新进行到一定程度时，企业的创新注意力会逐渐移到市场营销创新上。在这些创新重点的不同时序上，还会伴随着必要的管理创新和组织创新。

综上所述，可以看出创新与创业两者相互联系、密不可分。由于创新与创业的密切关系，创业教育与创新教育应该相互渗透融合，弘扬创新创业精神，健全创新创业机制，完善创新与创业的环境。

机会型创业是衡量一个国家创业活跃程度和创业水平的重要指标。无疑，人数众多的受过高等教育具有较高综合素质的大学生应是机会型创业的主力军。大学生在就业与创业的选择中，可以充分发挥自身优势，利用资源和环境条件，捕捉、识别、筛选并抓住市场机会，作为事业的选择，从事创业活动。

（二）创新与创业的区别

第一，概念不同。按照《现代汉语词典》的解释，创新是指抛开旧的、创造新的，也可简要概括为破旧立新的过程。创业，在《辞海》中的定义是"创立基业"。创业就是创业者对自己拥有的资源或通过努力对能够拥有的资源进行优化整合，从而创造出更大的经济或社会价值的过程。而创新则是一种新思想从产生到首次商业化的过程，简而言之，创新就是美好的梦想加上有效的实施，最后变为价值的创造过程。

第二，涵盖的具体内容不同。"创新"是指一个独立个体能够善于发现和认识有意义的新知识、新思想、新事物、新方法，掌握其中蕴涵的基本规律，并具备相应的能力。创新涵盖众多领域，包括政治、军事、经济、社会、文化、科技等各个领域的创新。"创业"最初的含义是"冒险"，现在的含义是一种劳动方式或行为。创业是一种劳动方式，是一种需要创业者组织并运用服务、技术、器物作业并进行思考、推理和判断的行为。创业是一个从无到有的实践过程。

第三，两者的作用不同。创新的作用在于发现和创造新东西，它是事业发展的源泉和动力，它的价值体现在创业上。创业的作用在于创造财富和价值，同时也推动并深化创新。创业者在创业过程中需要具有持续旺盛的创新行为、创新意识，才可能产生富有创意的想法或方案。当今社会，企业是创新的主体，创新是企业的战略重点之一。通过创新实现企业效益的有机增长，是在行业内取得成功的关键。

第四，创新和创业对创业者的要求不同。创新需要创业者具备创新精神和创新能力；创业需要创业者不断开发、提高自己的创业基本素质，具备创业精神和创业能力。创新精神是指创业者的主观世界中具有开创性、新颖性的思想、观念、方法、个性、意志、作风、品质等，而创业精神是在创业中体现的精神。

由上述可知，创新与创业虽然都具有开创新东西之意，但两者的内涵有着明显区别。创新可能涉及创业，或者也不涉及；创业可能涉及创新，或者也不涉及。

第二节　大学生创新创业的积极意义

在当今快速发展的时代，创新创业已经成为推动社会进步和经济发展的重要力量。特别是对于大学生这一群体来说，创新创业不仅是一种趋势，更是一种机遇。大学生创新创业的重要性不言而喻，它在很大程度上影响着大学生的个人成长和社会的发展。

首先，从个人成长的角度来看，创新创业为大学生提供了一个锻炼自我、实现自我价值的平台。在创新创业的过程中，大学生需要不断地学习新知识、拓宽视野、培养创新思维和解决问题的能力。这种能力的培养不仅有助于他们在学术领域的成长，更有助于他们在未来的职业生涯中取得成功。此外，创新创业还能让大学生在实践中学会团队合作和沟通协调，锻炼抗压能力和应变能力，这些素质对于他们未来的发展至关重要。

其次，从社会发展的角度来看，大学生创新创业具有重要的意义。大学生创新创业能够促进其就业和职业发展。大学生创新创业还能够推动社会经济发展。大学生创新创业往往能够带来新的技术、新的产品和服务，从而培育新的经济增长点，促进产业结构优化升级。

最后，大学生创新创业能够增强国家竞争力。一个国家的竞争力在很大程度上取决于其创新能力和人才储备。大学生作为国家未来的栋梁之材，他们的创新创业能力将直接影响国家的科技创新能力和创新型国家建设。

综上所述，大学生创新创业对个人成长和社会发展具有重要的意义。因此，我们应该重视大学生的创新创业教育，为他们提供更多的创新创业机会和资源，培养他们的创新创业能力，以促进他们的个人成长和社会的发展。

一、大学生创新创业对自我发展的积极意义

大学生创新创业是一种积极向上的行为，对大学生的自我发展具有重要的意义。它不仅能够提升大学生的个人综合素质，还能促进他们的就业和职业发展。

（一）提升个人综合素质

1.培养创新思维

在创新创业的过程中，大学生将不可避免地遇到一系列复杂多变的挑战。这些挑战可能来自市场的不确定性，如需求变化、消费者偏好的转移或是经济环境的波动；可能来自技术的更新迭代，如新兴技术的出现、现有技术的淘汰或是技术标准的改变；可能来自资源的有限性，如资金、人力、时间等资源的稀缺；还可能来自竞争的激烈性，如市场中已经存在的竞争对手、潜在的进入者或是替代品的出现。

面对这些挑战，大学生必须跳出传统思维的框架，运用创新思维去寻找独特的解决方案。他们不仅要灵活运用所学知识，如专业知识、技能技巧等，还要跨越学科的界限，进行跨领域的思考。他们需要将不同领域的知识、技术和方法进行整合，形成新的观点和思路。通过不断地实践和尝试，大学生将学会如何从不同的角度审视问题，如何将创新的想法转化为切实可行的解决方案。

例如，一个计算机科学与技术专业的学生可能会面临如何将最新的机器学习技术应用到

实际项目中去的挑战。他需要了解机器学习的基本原理和算法，还需要了解项目所在领域的具体需求和问题。通过跨领域的思考，他可能会发现一个独特的解决方案，既能够满足项目的需求，又能够发挥机器学习技术的优势。

创新思维是他们未来在各个领域取得成功的关键。创新思维可以帮助他们发现新的研究课题、开发新的产品或服务、解决复杂的社会问题等。因此，大学生应该珍惜创新创业的机会，不断培养自己的创新思维，为未来的成功打下坚实的基础。

2.提升协作能力

创新创业的过程往往需要多人协作，共同推进项目的进展。在这个过程中，大学生将有机会与来自不同背景的团队成员合作，共同面对挑战，分享成功的喜悦。这种团队合作的经验能够极大地增强大学生的团队合作和沟通协调能力。

团队成员可能来自不同的专业领域，拥有不同的技能和经验，甚至可能来自不同的文化背景。这种多样性要求大学生学会如何与不同的人有效地沟通和合作。他们需要学会如何表达自己的想法，清晰地传达自己的观点和意见，以便团队成员能够理解和接受。同时，他们还需要学会倾听他人的意见，尊重他人的观点，找到共同点，协调分歧，以达成共同的目标。

例如，一个由不同专业的学生组成的团队可能会面临如何将各自的专业知识整合到项目中去的挑战。在这个过程中，团队成员需要通过有效的沟通和协调，找到各自的专业知识的结合点，形成完整的解决方案。

这种能力对于大学生未来在职场上与他人协作、领导团队或是管理项目都是极其重要的。通过创新创业的过程，大学生将有机会培养和提升协作能力，为未来的职业发展打下坚实的基础。

3.增强抗压能力和应变能力

创新创业的道路从来不是一帆风顺的。在这个过程中，大学生可能会遇到各种预料之外的困难和挫折。这些困难可能包括项目资金的短缺、市场的不接受、技术的瓶颈、合作伙伴的退出等。挫折可能来自创业计划的失败、比赛的失利、业务的下滑等。这些经历虽然艰难，但却能够极大地锻炼他们的抗压能力和应变能力。

面对压力，大学生需要学会如何在压力之下保持冷静，不被困难所吓倒，不被挫折所打败。他们需要学会如何从失败中吸取教训，总结经验，找到失败的原因，避免再次犯同样的错误。他们需要学会如何迅速调整策略以应对变化，灵活地改变方向，寻找新的解决方案。

例如，大学生创业团队可能会面临市场不接受他们的产品的挑战。在这种情况下，他们需要迅速调整策略，了解市场需求，改进产品，甚至可能需要改变业务方向。

无论是在个人生活中还是在职业生涯中，大学生都可能会遇到各种困难和压力。通过创新创业的过程，大学生将有机会培养和增强抗压能力和应变能力，为未来的生活和工作打下坚实的基础。

在面对困难时，大学生还需要学会如何寻求帮助和支持。他们需要学会如何与导师、同行、行业专家等建立联系，寻求他们的指导和建议。他们需要学会如何与团队成员、合作伙伴、投资者等建立良好的沟通和合作关系，共同应对困难，共同寻找解决方案。

在创新创业的过程中，大学生将增强自己的抗压能力和应变能力，学会如何在困难面前保持冷静，如何从失败中吸取教训，如何迅速调整策略以应对变化。这些能力将对他们未来的生活和工作产生深远的影响，帮助他们更好地应对挑战，实现自己的目标和梦想。

总之，创新创业的过程是一个全面考验大学生综合能力的过程。通过这个过程，大学生不仅能够培养自己的创新思维，还能够增强团队合作和沟通协调能力，以及锻炼抗压能力和应变能力。这些能力的培养将为他们的个人成长和未来的职业发展奠定坚实的基础。

（二）促进个人就业和职业发展

创新创业能够促进大学生的就业和职业发展。在当前就业形势严峻的背景下，创新创业为大学生提供了更多的就业机会和职业发展道路。通过创新创业，大学生能够提高自己的就业竞争力，获得更多的就业机会。

1.积累实践经验，建立社交网络

在创新创业的过程中，大学生能够积累丰富的实践经验。这些经验将成为他们的宝贵财富，提高他们的就业竞争力。

创新创业往往要求大学生将理论知识与实践相结合，解决实际问题。在这个过程中，他们将不断面对挑战，寻找创新的解决方案。这种实践经验的积累将使他们在就业市场上脱颖而出，受到雇主的青睐。例如，一个大学生通过创新创业项目，成功地开发了一款应用软件。在这个过程中，他不仅学会了编程和技术开发的知识，还学会了如何进行市场调研、产品设计和营销推广。这些经验将使他在求职时具有更强的竞争力。

与此同时，在创新创业的过程中，大学生还能够建立起广泛的社交网络，结识来自不同领域的人才和专家。这些社交资源也将为他们提供更多的就业机会和职业发展机会。

此外，大学生还可以通过参加创新创业比赛、展览和活动等方式，展示自己的才能和成果，吸引潜在雇主或合作伙伴的关注，从而获得更多的就业机会和职业发展机会。

综上所述，创新创业的过程不仅能够帮助大学生积累实践经验，提高竞争力，还能够帮助他们建立广泛的社交网络，提供更多的就业机会和职业发展机会。

2.拓宽职业发展道路

同时，创新创业也能够拓宽大学生的职业发展道路，为他们提供更多的职业选择。通过创新创业，大学生不仅可以在传统的就业领域找到自己的位置，还可以开拓新的领域，创造新的职业机会。

在创新创业的过程中，大学生将不断学习和掌握新的知识和技能，这些知识和技能将为他们打开新的职业领域的大门。例如，一个学习计算机科学与技术的大学生，通过创新创业项目，学会了如何将人工智能技术应用于教育领域。这将为他打开一个新的职业领域，使他有机会成为人工智能教育领域的专家。

此外，创新创业还能够激发大学生的创新思维和创造力，使他们能够发现和创造新的职业机会。他们可以根据市场需求和社会发展趋势，创造新的产品和服务，从而为自己和社会创造新的职业机会。例如，一个大学生通过创新创业项目，发明了一种新型的环保材料。这种材料在市场上受到了欢迎，为他自己和其他人创造了新的职业机会。

他们可以根据自己的兴趣和特长，选择适合自己的职业发展道路，实现个人职业发展目标。创新创业的过程将帮助他们更好地了解自己的兴趣和特长，从而能够更加明智地选择自己的职业道路。例如，一个大学生通过创新创业项目，发现自己对市场营销非常感兴趣，并且在这方面有一定的天赋。因此，他决定将自己的职业发展道路定位在市场营销领域，并为此努力学习、提升自己的能力。

3.实现自我价值，取得职业成就

通过创新创业，大学生能够实现自我价值、取得职业成就。在创新创业的过程中，大学生可以追求自己的梦想和目标，实现自己的职业理想。他们可以根据自己的兴趣和爱好，选择自己的创新创业项目，并为之努力奋斗。这种追求梦想和目标的过程将使他们感到充实和满足，实现自我价值。

他们可以发挥自己的才能和创造力，为社会创造价值。创新创业的过程将激发大学生的创造力和创新思维，使他们能够提出新的想法和解决方案，为社会带来新的价值。例如，一个大学生通过创新创业项目，发明了一种新型的医疗设备，这种设备能够帮助医生更好地诊断和治疗疾病。这个发明不仅为社会带来了巨大的价值，也为大学生本人带来了职业成就。

这种成就感和满足感将激励他们不断进步，实现更高的职业目标。当大学生在创新创业的过程中取得一定的成就时，他们将感到自豪和满足。这种成就感和满足感将进一步激发他们的积极性和动力，使他们不断追求更高的职业目标。例如，一个大学生通过创新创业项目，成功地推出了一款受欢迎的应用程序。这个成功将激励他继续努力，实现更大的职业目标，如创办自己的公司或开发更多的创新产品。

综上所述，创新创业对大学生实现自我价值、取得职业成就具有重要的意义。它不仅能够帮助大学生追求自己的梦想和目标，实现职业理想，还能够激发他们的创造力和创新思维，为社会创造价值。创新创业对大学生的就业和职业发展具有重要的意义。它不仅能够提高大学生的就业竞争力，拓宽职业发展道路，还能够实现大学生的自我价值并取得职业成就。

二、大学生创新创业对社会发展的积极意义

大学生创新创业不仅对个人成长和职业发展具有重要意义，而且对社会经济的发展和国家竞争力的提升也具有积极的推动作用。

（一）推动社会经济发展

1. 培育新的经济增长点

大学生创新创业能够培育新的经济增长点。大学生具有较高的知识水平和较强的创新能力，他们能够运用所学知识和技能，开展创新性、高科技的创业项目。这些项目往往能够成为新的经济增长点，为社会经济发展注入新的活力。

近年来，我国大学生创新创业项目在人工智能、大数据、物联网等领域取得了显著成果，为我国经济发展提供了新的动力。例如，一些大学生创新创业团队成功研发出智能机器人、智能家居系统、大数据分析平台等创新产品，这些产品不仅在国内市场取得了成功，还吸引了国际市场的关注。这些创新创业项目的成功，不仅为创业者带来了经济效益，也为相关产业链的发展带来了新的机遇，为社会创造了更多的就业岗位。

2. 促进产业结构优化升级

在当前经济全球化和科技迅速发展的背景下，产业结构优化升级已成为推动经济发展的重要途径。大学生作为科技创新的重要力量，他们的创新创业项目往往具有较高的技术含量和附加值，能够为传统产业的升级转型提供强大的动力。

大学生在创新创业过程中，能够运用所学知识和技能，开展具有创新性和高科技的创业

项目。这些项目涉及人工智能、大数据、物联网、生物科技、新能源等领域，具有较高的技术门槛和广阔的市场前景。通过创新创业，大学生能够将新技术、新产品引入市场，推动传统产业向高技术、高附加值方向升级转型。

此外，大学生创新创业还能够带动相关产业链的发展，促进产业协同创新。大学生创新创业项目在发展过程中，需要与产业链上下游的企业进行合作，共同开展技术研发、市场推广等活动。这种合作不仅能够促进产业链上下游企业的技术创新和产品升级，还能够推动整个产业链的协同发展，进一步提升产业竞争力。

例如，一些大学生创新创业项目在发展过程中，与制造企业、销售企业、服务企业等上下游企业建立了紧密的合作关系。他们共同开展产品研发、生产制造、销售推广等活动，形成了一个完整的产业链。这种合作不仅能够提高产品的质量和竞争力，还能够推动整个产业链的技术创新和市场拓展，进一步提升产业竞争力。

3.带动就业和税收增长

大学生的创新创业项目在发展过程中，需要招聘员工，这将直接带动就业增长。同时，随着企业的发展壮大，税收贡献也将逐步提高，为国家财政收入增长做出贡献。

大学生创新创业项目的兴起，为就业市场注入了新的活力。随着项目的不断发展和壮大，企业对人才的需求也随之增加。大学生创业者需要招聘员工来协助项目的发展，这直接促进了就业增长。同时，这些员工在项目中的工作经历和技能提升，也为他们未来的职业发展提供了宝贵的经验。

此外，大学生创新创业项目在发展过程中，需要购买设备和租赁场地等，这些都将间接地带动就业增长。设备和场地的供应商需要招聘员工来生产和提供服务，而项目本身也需要员工来维护和管理这些设备和场地。这些间接的就业增长，进一步推动了社会经济的繁荣。

随着企业的发展壮大，大学生创新创业项目的税收贡献也将逐步提高。大学生创新创业项目在盈利后，需要向国家缴纳税款。税款的增加也为政府提供了更多的资金用于社会事业的发展，如教育、医疗、基础设施建设等，进一步推动了社会的和谐与进步。

综上所述，大学生创新创业能够带动就业和税收增长，为国家和社会的发展做出积极贡献。同时，政府和社会各界也应该加大对大学生创新创业项目的扶持力度，为他们创造更好的发展环境。

（二）提升国家竞争力

1. 培养人才

在创新创业过程中，大学生将面临各种挑战和问题，这要求他们不断锻炼和提升自己的创新思维、创业能力、团队合作能力等综合素质。通过这一过程，大学生将学会如何从不同角度思考问题，如何运用所学知识解决问题，以及如何在团队中发挥自己的优势。这些能力的培养将使他们成为具有创新精神和创业能力的人才。

创新思维是指在面对问题时，能够跳出传统的思维模式，寻求新的解决方案。创业能力是指在创业过程中，能够发现市场机会，制订商业计划，并带领团队实现目标的能力。在创新创业过程中，大学生将学习如何进行市场调研、产品开发、团队管理等。这些能力的培养将使他们成为具有创业精神的人才。

团队合作能力是指在团队中，能够与他人协作，共同完成任务的能力。在创新创业过程中，大学生将学会如何与他人沟通、协调和合作。这种能力的培养将使他们成为具有团队合作精神的人才。

大学生创新创业能够培养出具有创新精神和创业能力的人才，为我国科技创新和经济发展提供强大的人才支持，为我国的经济增长和社会进步做出贡献，推动我国走向更加繁荣的未来。

2. 提升国家的科技创新能力

大学生创新创业项目往往具有较高的技术含量和创新性，能够推动科技成果转化和产业化。这些项目的发展将有助于提升我国在全球科技创新竞争中的地位。

科技创新是推动国家发展的重要力量，而大学生作为国家未来的栋梁之材，他们的创新创业能力直接影响着国家的科技创新能力。大学生在创新创业过程中，能够将所学知识与实践相结合，开展的项目往往涉及前沿科技领域，如人工智能、大数据、生物科技等，具有较高的技术含量和创新性。

大学生在创新创业过程中，将科研成果转化为实际应用，推动科技成果从实验室走向市场。这些项目的成功实施，不仅能够推动科技创新，还能够促进产业升级和经济发展。

大学生创新创业项目往往具有较高的技术含量和创新性，这些项目的发展将有助于提高我国在国际科技竞争中的地位。例如，一些大学生创新创业团队在国际科技创新大赛中取得了优异成绩，展示了我国在科技创新领域的实力。

3.促进创新型国家建设

大学生创新创业是创新型国家建设的重要基石。通过创新创业，大学生将激发全社会的创新活力，推动创新文化的传播和创新氛围的营造，为我国建设创新型国家提供有力支持。

大学生创新创业是推动社会进步的重要力量。在创新创业过程中，大学生将运用所学知识，开展具有较高技术含量和创新性的项目。这些项目的成功实施，不仅能够为社会带来新的产品和服务，还能够推动科技进步和社会发展。

大学生创新创业能够激发全社会的创新活力。在创新创业过程中，大学生将不断尝试新的方法和技术，以解决实际问题。这种创新思维的培养将使他们在未来的工作和生活中能够更好地应对各种挑战。同时，大学生创新创业的成功案例也将激励更多的人投身于创新创业，形成全社会创新的良好氛围。

大学生创新创业能够推动创新文化的传播和创新氛围的营造。大学生在创新创业过程中，将创新理念和实践经验传播给社会大众，推动创新文化的传播。这种创新文化的传播和创新氛围的营造，将为我国建设创新型国家提供有力支持。

第三节　创新创业的形势与环境

随着科技的不断进步和社会的快速发展，创新创业已经成为当今时代的主旋律。创新创业不仅对个人成长和社会进步具有重要意义，而且在推动经济发展、促进社会创新和提升国家竞争力方面发挥着重要作用。

一、创新创业的形势

（一）经济全球化的影响

经济全球化为创新创业带来了新的机遇和挑战。随着全球经济一体化的加速，各国之间的经济联系日益紧密，创新创业者可以利用全球化的资源，拓展国际市场，提升企业的竞争力。同时，经济全球化也使得创新创业者面临更加激烈的国际竞争，需要不断创新和改进以适应全球市场的需求。

第一，经济全球化为创新创业者提供了丰富的资源和广阔的市场。在经济全球化的背景下，创新创业者可以充分利用国际资源，包括技术、人才、资本等，为企业的创新发展提供支持。同时，经济全球化也使得创新创业者能够更好地了解国际市场的需求，把握市场动态，为企业的发展提供方向。

第二，经济全球化也带来了激烈的国际竞争。在全球市场中，创新创业者需要面对来自不同国家和地区的竞争对手，这些竞争对手可能具有更强的实力和资源。为了在激烈的国际竞争中脱颖而出，创新创业者需要不断创新和改进，提高产品的质量和性能，以满足全球市场的需求。

第三，经济全球化还要求创新创业者具备国际视野和跨文化交流能力。在经济全球化背景下，创新创业者需要了解不同国家和地区的文化、法律、政策等，以便更好地开展国际合作和交流。同时，创新创业者还需要具备跨文化交流的能力，以便更好地与来自不同国家和地区的合作伙伴和客户沟通与合作。

第四，经济全球化为创新创业带来了新的机遇和挑战。创新创业者需要充分利用全球化的资源，拓展国际市场，提升企业的竞争力。同时，他们需要不断创新和改进，以适应全球市场的需求。此外，创新创业者还需要具备国际视野和跨文化交流能力，以便更好地开展国际合作和交流。只有这样，创新创业者才能在经济全球化的大潮中脱颖而出，实现企业的可持续发展。

（二）科技的快速发展的影响

科技的快速发展是创新创业的重要推动力。随着科技的不断进步，新的技术和产品不断涌现，为创新创业提供了丰富的资源和广阔的市场。科技的发展也为创新创业者提供了更多的机会，他们可以利用最新的科技成果，开展具有较高技术含量和创新性的项目。同时，科技的发展也为创新创业者带来了更多的挑战，他们需要不断学习和适应新技术，以保持竞争优势。

首先，科技的快速发展为创新创业提供了丰富的资源和广阔的市场。随着科技的进步，新兴产业不断涌现，如人工智能、生物科技、新能源等，为创新创业者提供了新的创业机会。这些新兴产业具有较高的技术含量和巨大的市场潜力，创新创业者可以通过研发新技术、新产品，开拓新的市场，实现企业的快速发展。

其次，科技的快速发展为创新创业者提供了更多的机会。在科技快速发展的背景下，创新创业者可以充分利用最新的科技成果，开展具有创新性和较高技术含量的项目。例如，一些创新创业团队成功研发出具有自主知识产权的科技成果，并将其转化为实际产品，取得了显著的经济效益。

最后，科技的快速发展也为创新创业者带来了更多的挑战。随着科技的快速发展，新技术不断涌现，创新创业者需要不断学习和适应新技术，以保持竞争优势。他们需要密切关注科技发展的动态，及时掌握新技术、新理念，并将这些新技术应用到创新创业项目中，以实现企业的可持续发展。

综上所述，科技的快速发展为创新创业提供了丰富的资源和广阔的市场，为创新创业者提供了更多的机会。因此，创新创业者需要关注科技的发展，充分利用科技创新带来的机遇，开展具有创新性和较高技术含量的项目，以实现企业的快速发展。

（三）政策支持与市场需求的演变

政策支持与市场需求的演变对创新创业具有重要影响。政府对创新创业的支持政策不断优化，为创新创业者提供了资金、税收等方面的优惠。这些政策的支持有助于降低创新创业的风险，提高创新创业的成功率。同时，市场需求的不断变化也为创新创业者提供了更多的机会和挑战。

政策支持对创新创业具有重要意义。政府通过制定和实施相关政策，为创新创业者提供资金、税收等方面的优惠，降低创新创业的风险，提高创新创业的成功率。例如，政府可以为创新创业者提供创业贷款、税收减免等政策支持，帮助他们解决创业初期的资金问题，降低创业风险。同时，政府还可以为创新创业者提供培训、咨询等服务，帮助他们提高创新创业的成功率。

市场需求的不断变化为创新创业者提供了更多的机会和挑战。随着社会的发展和人们生活水平的提高，市场需求也在不断变化。创新创业者需要根据市场需求的变化，调整自己的创新创业策略。例如，随着人们健康意识的提高，人们对健康食品的需求也在增加。创新创业者可以抓住这一市场需求，开展与健康食品相关的创新创业项目，满足市场需求，实现企业的可持续发展。

市场需求的不断变化也给创新创业者带来了挑战。创新创业者需要时刻关注市场需求的动态，及时调整自己的创新创业策略，以适应市场的变化。同时，创新创业者还需要具备较强的市场分析和预测能力，以便更好地把握市场机会，实现企业的快速发展。

创新创业的形势受到经济全球化、科技发展、政策支持与市场需求的演变等多种因素的影响。这些因素相互作用，共同影响着创新创业的发展。因此，创新创业者需要关注这些形势的变化，及时调整自己的创新创业策略，以应对挑战，抓住机遇。

二、创新创业的环境

创新创业的形势与环境密切相关。创新创业的形势受到多种因素的影响，包括政策环境、社会环境、市场环境和教育资源等。这些环境因素对创新创业的发展具有重要的推动作用，同时也为创新创业提供了良好的发展机遇。

政策环境的支持为创新创业提供了政策保障，政府通过制定和实施相关政策，为创新创业者提供资金、税收等方面的优惠。社会环境对创新创业的认可度和支持程度直接影响着创新创业的发展，一个积极的社会环境能够激发创新创业者的热情，推动创新创业的顺利进行。市场环境的变化和竞争态势为创新创业者提供了更多的机会和挑战，创新创业者需要根据市场环境的变化调整自己的创新创业策略。教育资源的支持为创新创业者提供了必要的知识和技能，帮助他们更好地应对创新创业过程中的各种挑战。

创新创业的形势与环境密切相关，它们共同影响着创新创业的发展。一个良好的创新创业环境能够为创新创业者提供更多的机会，帮助他们实现自己的创新创业目标。因此，我们应该重视创新创业的环境建设，为创新创业者提供更多的支持和帮助，以推动创新创业的顺利进行。

（一）政策环境

1.政府对创新创业的支持政策

政府的支持政策是创新创业成功的关键因素之一。这些政策可能包括税收优惠、创业资金支持、简化的注册程序和知识产权保护措施等。

税收优惠是政府支持创新创业的重要手段之一。通过降低税收，政府可以鼓励更多的人投身于创新创业，减轻创新创业者的经济压力。例如，一些国家为初创企业提供税收减免，减轻企业的财务负担，帮助企业更好地发展。

创业资金支持是政府对创新创业者的另一项重要支持。政府可以通过提供创业贷款、设立创新创业基金等方式，为创新创业者提供资金支持。例如，一些国家设立了创业基金，为创新创业者提供资金支持,帮助他们实现创业梦想。

简化的注册程序和知识产权保护措施也是政府对创新创业者的支持。简化的注册程序可以降低创新创业者的行政负担,使他们能够更专注于业务发展。知识产权保护措施则可以保护创新创业者的创新成果,鼓励更多的创新活动。

此外,一些国家和地区推出了特殊的经济区或创业孵化器,提供一站式服务,旨在减轻创新创业者的初期负担,鼓励技术创新和企业成长。这些区域或孵化器为创新创业者提供办公空间、设备支持、技术咨询等服务,帮助他们更好地开展创新创业活动。

综上所述,政府的支持政策是创新创业成功的关键因素之一。政府通过提供税收优惠、创业资金支持、简化的注册程序和知识产权保护措施等方式,为创新创业者提供支持。这些政策有助于减轻创新创业者的经济压力,鼓励更多的创新活动,促进创新创业的成功。因此,政府应该继续完善和支持创新创业政策,为创新创业者提供更好的发展环境。

2.政策对创新创业的影响

政策环境对创新创业的影响深远。积极的政策支持能够增强企业的创新能力,吸引更多的投资,并促进经济的多元化发展。然而,过于烦琐的规章制度和不明确的政策导向可能会阻碍创业活动,使企业家在将创意转化为商业机会的过程中遇到不必要的障碍。

首先,积极的政策支持能够为企业提供良好的发展环境。政府通过提供税收优惠、资金支持、简化注册程序等政策,减轻企业的负担,鼓励企业投入更多的资源用于创新和研发。这种积极的政策支持有助于企业提升自身的竞争力,从而推动经济的持续发展。

其次,政策支持有助于吸引更多的投资。政府对创新创业的积极支持可以增加投资者对创新创业项目的信心。投资者在看到政府对创新创业的重视和支持后,更愿意将资金投入到具有潜力的创业项目中,从而为创新创业活动提供更多的资金支持。

最后,政策支持有助于促进经济的多元化发展。政府通过政策支持,鼓励企业进入新兴产业和领域,推动经济的结构调整和升级。多元化的经济结构可以提高国家经济的稳定性和抗风险能力,减轻经济周期波动的影响。

此外,过于烦琐的规章制度和不明确的政策导向可能会阻碍创新创业活动。烦琐的规章制度会增加企业的行政负担,增加创新创业成本,使创新创业者难以专注于业务发展。不明确的政策导向会使创新创业者对政府的支持政策产生疑惑,影响他们对市场的判断和决策。

因此,政府需要在制定和实施政策时,充分考虑创新创业的需求,确保政策的有效性和可操作性。政府应该简化注册程序,减少不必要的规章制度,明确政策导向,为企业提供更加宽松和便利的发展环境。同时,政府还应该加强与企业的沟通和交流,了解企业的需求和困难，及时调整和优化政策，以更好地支持创新创业活动。

（二）社会环境

1.社会对创新创业的影响

首先，不同社会文化背景下的人们对创新创业的态度和认知会有所不同。在传统社会中，人们更倾向于稳定和传统的价值观，对创新创业持保守态度。而在更开放和现代化的社会中，创新创业被视为一种积极的行为，受到鼓励和赞赏。因此，社会文化的价值观对于个体是否选择创新创业具有重要的影响。

其次，社会对失败的宽容度对创新创业具有重要的激励作用。在创新创业过程中，失败是难以避免的。一个宽容的社会环境能够减少创新创业者的心理压力，使他们敢于面对失败，从失败中吸取教训，不断尝试和调整。这种宽容的社会环境有助于激发更多人的创新创业热情，推动创新创业活动的蓬勃发展。

最后，社会对创新创业精神的赞赏也是推动创新创业的重要因素。创新是创新创业的核心，而社会对创新创业精神的赞赏能够激发创新创业者的积极性和创造力。一个赞赏创新创业精神的社会环境有助于创新创业者发挥自己的才能和创造力，为社会带来新的产品和服务；有助于推动社会经济的持续发展，提升国家的竞争力。

因此，我们应该营造一个支持创新创业的文化氛围，鼓励创新创业者发挥自己的才能和创造力，为社会带来新的价值。同时，政府和社会各界也应该加大对创新创业者的支持和帮助，为他们提供更多的机会和资源，共同推动社会经济的持续发展。

2.社会对创新创业的支持

社会对创新创业的支持体现在提供网络资源、市场机会以及创新创业指导服务上。社会各界，包括成功的企业家、投资人、高校和研究机构，都能为新兴企业提供宝贵的支持和资源。

首先，网络资源对创新创业具有重要意义。在信息时代，网络是创新创业者获取信息、交流思想和寻找合作伙伴的重要渠道。社会应该鼓励和推动网络资源的共享和利用，为创新创业者提供丰富的信息和资源，帮助他们更好地开展创新创业活动。

其次，市场机会是创新创业成功的关键因素之一。市场机会是指未来可能出现的商业机会，它们通常源于社会的发展需求和技术进步等方面。而创新创业则是为满足这些需求而设计的新产品、服务或商业模式，能够最大程度地满足市场的需求。创新创业者需要根据市场机会的变化来不断进行自我调整和创新。很多人之所以选择创新创业，就是因为看准了市场机会，看到了未来的商业前景。市场机会也会促使创新创业者持续地保持创新创业精神，创造出更适应市场需求的产品和服务。市场机会是支撑创新创业的最重要基础。没有市场机会，就难以进行创新创业的实践。市场机会可以为创新创业者提供诸多支持，如融资、招聘、营销等方面的资源，也能够为创新创业者提供基础的应用场景和测试环境。

最后，创新创业指导服务也是创新创业成功的关键因素之一。成功的企业家、投资人、高校和研究机构等社会各界可以为创新创业者提供宝贵的经验和指导，帮助他们解决创新创业过程中的各种问题。这些创新创业指导服务可以帮助创新创业者更好地掌握创新创业的规律和技巧，提高创新创业的成功率。

（三）市场环境

1.市场需求的变化

市场需求的变化是驱动创新的重要因素。企业需要不断地调整其产品和服务，以满足消费者日益变化的需求和偏好。敏锐地洞察市场趋势和消费者行为对于企业能否成功创新至关重要。

首先，市场需求的变化促使企业进行产品和服务创新。消费者需求和偏好的变化意味着企业需要不断更新其产品和服务，以满足市场的新需求。例如，随着人们健康意识的提高，消费者对健康食品的需求也在增加，企业需要开发更多的健康食品，以满足市场需求。

其次，企业需要敏锐地洞察市场趋势和消费者行为。市场趋势和消费者行为的变化会影响企业的决策和战略。例如，随着社交媒体的普及，消费者越来越倾向于通过社交媒体来获取信息和交流。企业需要了解社交媒体对消费者行为的影响，并调整其营销策略。

最后，企业需要与消费者建立紧密的联系，以了解他们的需求和反馈。通过市场调研和消费者反馈，企业可以更好地了解市场需求，并根据消费者的需求进行产品和服务创新。

2.市场竞争的态势

第一，激烈的市场竞争迫使企业寻求创新。在激烈的市场竞争中，企业需要不断推陈出新，以吸引消费者的注意力。创新可以体现在产品设计、技术应用、营销策略等多个方面。通过创新，企业可以提供独特的产品或服务，满足消费者的需求，从而在竞争中获得优势。

第二，企业必须注重产品质量。在竞争激烈的市场中，产品质量是消费者选择产品的重要因素。高质量的产品可以增强消费者对企业的信任度，从而提高企业的市场占有率。因此，企业需要投入资源，确保产品质量达到或超过消费者的期望。

第三，企业需要注重客户服务。良好的客户服务可以提高消费者的满意度，增强企业的竞争力。企业应该提供便捷、高效的客户服务，满足消费者的需求。

第四，企业需要注重品牌建设。品牌是企业在消费者心中的形象和认知。一个强大的品牌可以提高企业的知名度，吸引消费者的注意力，从而提升企业的市场竞争力。企业应该通过品牌传播、品牌形象设计等方式，打造独特的品牌形象，提升品牌价值。

综上所述，市场竞争的态势促使企业寻求创新以获得竞争优势。同时，企业必须更加注重产品质量、客户服务和品牌建设等方面，以在竞争中脱颖而出。因此，企业应该密切关注市场竞争态势，采取相应的措施来提升自身竞争力。

（四）教育资源

1.创新创业教育的普及

教育资源的普及对培育创新创业文化至关重要。在当今社会，创新创业已成为推动经济发展的重要力量，而教育则是培养创新创业人才的关键环节。越来越多的教育机构开始提供创新创业相关课程，旨在培养学生的创新创业思维、商业规划能力和风险管理技能。这些课程往往强调实践和创新，鼓励学生将理论知识应用于实际创新创业项目中。

首先，创新创业相关课程的普及有助于提高创新创业者的创新创业意识和能力。通过学习创新创业知识，创新创业者可以更好地理解创新创业过程，掌握创新创业所需的技能和方法。这有助于激发创新创业者的创新创业热情，培养他们的创新思维和创业精神。

其次，创新创业相关课程的普及有助于培养创新创业者的商业规划能力和风险管理技能。在创新创业过程中，商业规划和风险管理是成功的关键因素。通过学习这些课程，创新创业者可以学会如何制订商业计划、进行市场调研、评估风险和应对挑战。这些能力对创新创业的成功至关重要。

最后，创新创业相关课程的普及还有助于培养创新创业者的团队合作能力。创新创业往往需要团队合作，团队合作是创新创业成功的基石。通过参与创新创业项目，创新创业者可以学会与他人合作，共同解决问题，实现团队目标。

因此，政府和社会各界也应该加大对创新创业教育的投入，为创新创业者提供更好的学习和发展机会。

2.教育资源对创新创业的支持

首先，高校和研究机构提供了丰富的理论知识和技能训练。在创新创业过程中，理论知识是基础，而技能训练则是实践应用的关键。高校和研究机构通过课程教学、实验室研究等方式，为创新创业者提供了必要的理论知识和技能训练，为创新创业奠定了坚实的基础。

其次，高校和研究机构通过孵化器、创业竞赛和合作项目等方式，为创新创业者提供实践机会和技术支持。孵化器提供了一个创新创业的平台，创新创业者可以在这里获得办公空间、设备支持、技术咨询等服务，帮助他们在实际操作中验证和优化自己的创新创业项目。创业竞赛则提供了一个展示和交流的平台，创新创业者可以在这里与其他创新创业者交流经验，寻找合作伙伴，共同推进创新创业项目的发展。合作项目则提供了企业与高校和研究机构之间的合作机会，促进了技术创新和商业化发展。

此外，高校和研究机构通过与企业合作，将科研成果转化为实际应用，推动了技术创新和商业化发展。这种合作有助于企业获得先进的技术和知识，提升企业的竞争力，同时也为高校和研究机构的研究成果提供了实际应用的机会。

通过深入分析这四个方面，创新创业的环境是多方面相互作用的结果。政策、社会、市场和教育资源都在其中扮演着至关重要的角色。政府、社会、市场和教育机构需要共同努力，促进创新创业的健康发展。

三、创新创业的挑战与机遇

（一）挑战

1.创新创业资源的有限性

对于大多数初创企业来说，获取资金、人才和技术资源往往充满挑战。资金不足可能导致项目延误或质量下降，而人才短缺则可能影响企业的创新能力和市场竞争力。

首先，资金是创新创业的基石。初创企业往往面临资金短缺的问题，这不仅限制了企业的运营和发展，还可能导致项目延误或质量下降。为了应对这一挑战，企业需要寻找各种资金来源，如政府资助、风险投资、众筹等，以满足其资金需求。

其次，人才是创新创业的核心。初创企业需要具备不同专业背景和技能的人才来推动项目的发展。然而，人才短缺可能影响企业的创新能力和市场竞争力。为了应对这一挑战，企业需要制定有效的招聘和人才培养策略，以吸引和培养优秀的人才。

最后，技术资源也是创新创业的重要支持。初创企业需要掌握和应用先进的技术来提升产品的竞争力和提高市场占有率。然而，技术资源的有限性可能限制企业的技术创新和发展。为了应对这一挑战，企业需要加强与高校、科研机构的合作，以获取先进的技术资源。

综上所述，资源的有限性是创新创业过程中的一大挑战。为了克服这一挑战，企业需要积极寻找和利用各种资源，包括资金、人才和技术资源。通过有效的资源管理，企业可以提高其创新创业的成功率，实现可持续发展。

2.创新创业风险的存在

创新创业固有的不确定性带来了显著的风险，包括技术瓶颈、市场接受度低以及盈利能力不足等问题。这些风险不仅对创业者个人有影响，也可能影响投资者和相关利益方。

首先，初创企业在发展的初创期和扩张期最容易遇到技术瓶颈。企业在尝试研发新技术或新产品时，可能会遇到技术难题、开发周期过长、成本过高等问题。这不仅会导致项目延误，还可能导致企业投入的大量时间和资金被浪费。为了降低技术风险，企业需要进行充分的技术研发和测试，确保技术的可行性和稳定性。

其次，市场接受度低也是创新创业中的一个重要风险。即使技术研发成功，产品或服务也面临市场接受度的问题。市场需求的变化、消费者偏好、竞争对手等因素都可能影响产品的市场表现。为了降低市场风险，企业需要进行市场调研，了解消费者需求，并制定相应的市场策略。

最后，盈利能力不足也是创新创业过程中的一个重要风险。初创企业在初期往往面临成本高、收入低的问题，导致盈利能力不足。为了降低盈利风险，企业需要制定合理的成本控制策略，提高运营效率，并通过市场推广和销售策略来提高收入。

总之，创新创业风险的存在对创业者个人、投资者和相关利益方都具有显著的影响。为了降低这些风险，企业需要进行充分的风险评估和管理，制定相应的应对策略，以提高创新创业的成功率。

（二）面临的机遇

1.科技的快速发展

科技的快速发展为创新创业提供了前所未有的机遇。随着新技术的不断涌现，如人工智能、大数据、区块链等，新兴企业有机会开发全新的产品和服务，满足市场未被满足的需求，从而获得竞争优势。

首先，科技的快速发展为创新创业提供了丰富的技术资源。新技术的快速发展为创新创业者提供了更多的选择和创新空间。例如，人工智能技术可以应用于医疗、金融、教育等领域，开发出智能化、个性化的产品。这些创新产品能够满足消费者对高效、便捷和个性化服务的需求，为企业带来竞争优势。

其次，科技的快速发展推动了产业结构的升级和转型。随着新技术的应用，传统产业得到了升级和转型，新兴产业得以快速发展。例如，新能源汽车、物联网、生物科技等新兴产业在科技创新的推动下得到了快速发展，为企业提供了新的市场机会。

最后，科技的快速发展还促进了创新创业企业的国际化发展。随着全球科技创新的快速发展，创新创业企业可以利用全球化的资源和技术，拓展国际市场，提升企业的竞争力。例如，一些企业通过技术创新，开发出具有国际竞争力的产品，成功进入国际市场，实现了企业的快速发展。

综上所述，科技的快速发展为创新创业提供了前所未有的机遇。随着新技术的不断涌现，新兴企业有机会开发全新的产品和服务，满足市场未被满足的需求，从而获得竞争优势。

2.市场需求的不断扩大

经济全球化和互联网的普及使得市场更加开放。创新创业者可以针对全球市场需求，通过解决特定问题或满足特定需求来找到其创新创业项目的市场定位。这不仅提高了其创业成功的概率，也为其提供了更大的发展空间。

首先，经济全球化和互联网的普及为创新创业提供了更加开放的市场环境。企业可以利用全球化的资源和互联网技术，拓展国际市场，与全球客户建立联系。这有助于企业了解全球市场需求，制定相应的市场策略，从而提升企业的竞争力。

其次，市场需求的不断扩大为企业提供了更多的发展机会。随着经济全球化和互联网的发展，消费者需求不断变化，企业需要不断创新，调整产品和服务以满足市场需求。这有助于企业找到新的市场机会，实现企业的可持续发展。

最后，市场需求的不断扩大也为企业提供了更大的发展空间。企业可以通过创新和拓展新的市场，实现快速发展和壮大。这有助于企业提高市场占有率，提升企业的竞争力。

综上所述，市场需求的不断扩大为创新创业提供了更加开放和广阔的市场环境。企业可以针对全球市场需求，通过解决特定问题或满足特定需求来找到其市场定位。这不仅增加了其成功的机会，也为其提供了更大的发展空间。因此，创新创业者需要密切关注市场需求的变化，并采取相应的措施来满足市场需求，以实现企业的可持续发展。

创新创业虽然面临多重挑战，但同时也拥有广阔的发展机遇。关键在于如何有效识别和利用这些机遇，同时采取策略应对挑战。创新创业者需要具备灵活性和适应性，能够快速响应市场和技术的变化。同时，政府和社会各界也应继续努力，为创新创业提供更加有力的支持和更加友好的环境。

第二章 大学生创新思维与创业素质探究

第一节 大学生创新思维与创业能力的培养

创新思维与创业能力的培养对于大学生的成长和发展具有重要意义。创新思维与创业能力的培养能够帮助大学生更好地适应社会发展的需求,有助于提升大学生的综合素质,对于大学生的未来职业发展具有重要意义。

一、大学生创新思维的培养

(一)创新思维的特点

创新思维是指个体在面对新情境时,能够超越传统思维模式,运用创造性的方法解决问题的能力。这种思维方式具有以下几个显著特点:

首先,创新思维不受传统知识和经验的限制,敢于质疑现状,追求新颖独特的解决方案。这意味着拥有创新思维的人不会被既有的思维框架所束缚,而是勇于挑战权威,寻求突破。这种思维方式鼓励个体从多个角度审视问题,寻找问题的本质,从而提出创新的解决方案。

其次,创新思维强调跨界整合,能够将不同领域的知识和技能有机结合,创造出全新的价值和意义。拥有创新思维的人能够跨领域学习,将不同领域的知识进行整合,创造出新的产品、服务和商业模式。这种跨界整合的思维方式有助于打破行业的壁垒,开拓新的市场空间。

最后,创新思维是一种动态发展的思维方式,随着个体知识、经验的积累和社会环境的变化而不断演进。拥有创新思维的人能够不断学习新知识，关注社会发展趋势，将新的理念和方法融入自己的思维。这种动态发展的思维方式使得拥有创新思维的人能够持续地提出新的观点和解决方案，保持自己的竞争力。

综上所述，创新思维具有敢于质疑现状、跨界整合和动态发展等特点。这种思维方式有助于个体在面对复杂问题时，能够从多个角度出发，提出新颖独特的解决方案，从而实现个人和社会的可持续发展。因此，培养创新思维对于个体和整个社会都具有重要意义。

（二）大学生创新思维培养的途径

1.跨学科学习

跨学科学习是培养创新思维的有效途径之一。大学生可以通过选修不同学科的课程、参与多学科项目团队，以及与来自不同专业背景的同学交流，来拓宽视野，促进思维的多样性和灵活性。这种跨界学习和交流能够激发学生的创新灵感，培养其解决问题的能力。

首先，跨学科学习能够帮助大学生跳出单一学科的思维框架，从多个角度理解和分析问题。不同学科的知识和理论体系具有独特的视角和方法论。通过跨学科学习，大学生可以汲取不同领域的精华，形成全面的思考方式。

其次，跨学科学习能够促进思维的多样性和灵活性。在多学科团队中，大学生需要学会与不同专业背景的同学合作，共同解决问题。在合作过程中，不同的思维方式相互碰撞能够激发创新点，提高解决问题的效率。

最后，跨学科交流还能够帮助大学生建立广泛的社交网络，为创新创业提供更多的机会。通过与来自不同专业背景的同学交流，大学生可以了解更多的行业动态和市场需求，为自己的创新创业项目找到合适的合作伙伴和资源。

2.参与创新竞赛与实践活动

通过参与创新竞赛和实践活动，大学生可以将理论知识应用于实际问题中。真实的挑战和需求有助于培养大学生的创新思维和解决问题的能力。同时，创新竞赛和实践活动还为大学生提供了一个展示自我创意和接受他人反馈的平台，有助于其不断调整和优化自己的想法。

首先，创新竞赛和实践活动能够帮助大学生将理论知识与实际问题相结合，提高他们的实践能力。在这些活动中，大学生需要运用所学知识，解决实际问题，这有助于他们更好地理解理论知识，并将其应用到实践中。

其次，创新竞赛和实践活动能够激发大学生的创新思维。面对真实的挑战和需求，大学生需要运用创新思维，提出新颖独特的解决方案。这种思维方式有助于培养大学生的创新意识和创新能力。

最后，创新竞赛和实践活动还提供了一个展示自我创意和接受他人反馈的平台。大学生可以通过这些活动，向他人展示自己的创新想法和成果，并听取他人的意见和建议。这有助于他们不断调整和优化自己的想法。

3. 开展创新课题研究

参与或自主开展创新课题研究是培养深层次创新思维的有效方式。通过研究项目，大学生可以深入探索某一问题，进行系统的分析和创造性的思考。这不仅能够增强大学生的研究能力和批判性思维，还能鼓励他们探索未知领域，挑战传统观念。

首先，开展创新课题研究能够帮助大学生深入理解问题。在研究过程中，大学生需要进行广泛的数据收集和深入的分析，这有助于他们更好地理解问题的本质和复杂性。通过深入研究，大学生可以更加全面和深入地理解问题，从而提出更加精准、有效的解决方案。

其次，开展创新课题研究能够培养大学生的批判性思维。在研究过程中，大学生需要对现有理论和观点进行批判性分析，从而形成自己的见解和观点。

最后，创新课题研究能够鼓励大学生探索未知领域。在研究过程中，大学生需要不断探索新的问题和领域，从而具备探索未知领域的勇气和决心。这种探索精神有助于大学生在创新创业过程中发现新的机会和市场，从而实现企业的可持续发展。

4. 培养批判性思维和创造性思维

批判性思维和创造性思维是创新思维的两大支柱。大学生应该具备对信息、观点等进行深入剖析、评价和判断的能力，学会从不同角度和层面审视问题。同时，大学生应该通过阅读、艺术创作、思维训练等活动，激发和提升自己的创造力。这种双管齐下的方法有助于大学生在复杂多变的世界中，提出独到的见解和解决方案。

培养批判性思维对于大学生来说至关重要。批判性思维是指对信息和观点进行深入分析、评估和质疑的能力。这种思维方式有助于大学生形成独立思考的能力，从而在创新创业过程中提出更加创新和有价值的解决方案。

创造性思维对于大学生来说同样重要。创造性思维是指运用独特的视角和方式解决问题，提出新颖独特想法的能力。通过阅读、艺术创作、思维训练等活动，大学生可以激发和提升自己的创造力，从而在创新创业过程中发现新的机会和市场。

总之，通过跨学科学习、参与创新竞赛与实践活动、开展创新课题研究以及培养批判性思维和创造性思维等多种方法，大学生可以有效培养自己的创新思维。这不仅对个人职业发展大有裨益，也对推动社会进步具有重要意义。

二、大学生创业能力的培养

在当前快速变化的社会和经济环境中，大学生创业已经成为一个热门的话题。为了在创业过程中取得成功，大学生需要培养一系列的核心能力。这些能力不仅能够帮助他们更好地应对创业过程中的挑战，还能为他们的职业生涯打下坚实的基础。

（一）大学生创业所需的能力

1.领导力

领导力是指引领和激励团队成员共同实现目标的能力。对于创业者来说，拥有强大的领导力可以帮助他们建立高效的团队，明确目标，克服困难，驱动项目向前发展。

首先，领导力可以帮助创业者建立高效的团队。创业者需要具备识别和吸引优秀人才的能力，以及能够有效管理和协调团队成员的能力。通过建立高效的团队，创业者可以更好地发挥团队成员的潜力，共同推动项目的发展。

其次，领导力可以帮助创业者明确目标。创业者需要具备明确项目目标的能力，以及能够将目标传达给团队成员的能力。通过明确目标，创业者可以引导团队成员朝着共同的目标努力，提高团队的整体绩效。

最后，领导力可以帮助创业者克服困难。创业者需要具备应对挑战和克服困难的能力，以及能够激励团队成员保持积极态度的能力。通过克服困难，创业者可以带领团队走向成功。

2.团队协作能力

团队协作能力是指在团队中有效沟通、合作并实现共同目标的能力。创业往往不是一个人的战斗，发挥团队成员各自的优势，解决冲突，实现共赢是成功的关键。

首先，团队协作能力有助于团队成员之间的有效沟通。沟通是团队协作的基础，通过有效的沟通，团队成员可以更好地理解彼此的需求和期望，从而提高团队的整体效率。

其次，团队协作能力有助于团队成员之间的合作。在创业过程中，团队成员需要共同解决问题，实现项目目标。通过合作，团队成员可以充分发挥各自的优势，共同推动项目的发展。

最后，团队协作能力有助于解决团队内部的冲突。在团队中，冲突是难以避免的。通过有效的团队协作，团队成员可以学会倾听、理解和尊重他人的意见，从而更好地解决冲突，实现团队的和谐与共赢。

3.沟通能力

沟通能力是创业者不可或缺的能力之一。良好的沟通能力有助于创业者有效表达自己的想法，建立良好的人际关系。

首先，沟通能力有助于创业者与团队成员有效沟通。在团队中，沟通是协作的基础。通过有效沟通，创业者可以更好地了解团队成员的需求和期望，从而更好地指导团队成员的工作，提高团队的整体效率。

其次，沟通能力有助于创业者与客户建立良好的人际关系。在创业过程中，与客户的沟通至关重要。通过有效沟通，创业者可以更好地了解客户的需求和期望，从而更好地满足客户的需求，提高客户满意度。

最后，沟通能力有助于创业者与投资者建立良好的合作关系。在创业过程中，获得投资者的支持是创业成功的关键。通过有效沟通，创业者可以更好地表达自己的想法和项目价值，从而吸引投资者的关注和投资。

综上所述，沟通能力对于创业者至关重要。良好的沟通能力可以帮助创业者与团队成员、客户、投资者等多方有效沟通，建立良好的人际关系。因此，创业者应该重视沟通能力的培养，不断提升自己的沟通能力，以实现创业的成功。

4.财务管理能力

财务管理能力涉及对企业财务的规划、管理和控制，对保持企业的财务健康至关重要。创业者需要了解基本的财务知识，如制定预算、财务报表分析以及资金筹集等。

首先，财务管理能力有助于创业者制定合理的预算。预算是企业财务规划的基础，通过制定预算，创业者可以更好地规划企业的财务状况，确保企业的财务稳定和可持续发展。

其次，财务管理能力有助于创业者进行财务报表分析。财务报表是企业财务状况的直观反映，通过分析财务报表，创业者可以了解企业的盈利能力、偿债能力和运营效率，从而制定相应的财务策略。

最后，财务管理能力有助于创业者进行资金筹集。资金是企业运营的基础，创业者需要具备筹集资金的能力，以满足企业运营和发展的需求。通过合理合法地筹集资金，创业者可以降低企业的财务风险，提升企业的竞争力。

综上所述，财务管理能力对于创业者至关重要。良好的财务管理能力可以帮助创业者制定合理的预算、进行财务报表分析和筹集资金，从而保持企业的财务健康。因此，创业者应该重视财务管理能力的培养，不断提升自己的财务管理能力，以实现创业的成功。

5.市场分析与预测能力

市场分析与预测能力能够帮助创业者理解市场趋势、识别目标客户、预测市场需求，是制定有效的市场策略、调整商业模式、实现可持续发展的基础。

首先，市场分析与预测能力有助于创业者理解市场趋势。通过深入分析市场数据和信息，创业者可以了解市场的变化和趋势，从而更好地把握市场机遇。

其次，市场分析与预测能力有助于创业者识别目标客户。了解目标客户的需求和偏好，创业者可以更精准地定位产品和服务，提升企业的市场竞争力。

最后，市场分析与预测能力有助于创业者预测市场需求。通过预测市场需求，创业者可以提前调整产品和服务的策略，确保企业的可持续发展。

综上所述，市场分析与预测能力对于创业者至关重要。因此，创业者应该重视市场分析与预测能力的培养，不断提升自己的市场分析与预测能力，以实现创业的成功。

（二）大学生创新创业能力培养的途径

1.学习专业课程

通过学习相关的专业课程，大学生可以获得创业所需的基础理论知识和技能。这些课程不仅提供了创业所需的理论框架，还培养了大学生解决实际问题的能力。

首先，学习专业课程可以帮助大学生掌握创业所需的理论基础。例如，管理学课程可以帮助大学生了解企业运营的各个环节，包括战略规划、组织管理、人力资源等。

其次，学习专业课程可以培养大学生解决实际问题的能力。例如，市场营销课程可以帮助大学生了解市场需求、消费者行为和竞争对手等，从而制定有效的市场策略。

最后，学习专业课程还可以帮助大学生了解创业相关的法律法规。例如，财务会计课程可以帮助大学生了解企业财务报表的编制和分析，从而确保企业财务活动的合规性。

综上所述，大学生可以通过学习相关的专业课程获得创业所需的基础理论知识和技能。这些知识不仅可以帮助他们更好地理解企业运营，还可以帮助他们解决实际问题。因此，大学生应该积极学习专业课程，以提升自己的创业能力。

2.积累实习与实践经验

通过参与实习与实践项目，大学生可以在实际工作环境中运用所学知识，积累实践经验，了解行业动态，培养解决问题的能力。

首先，实习与实践项目可以帮助大学生将理论知识与实际工作相结合。在实习中，大学生可以亲身参与企业运营的各个环节，如项目管理、市场营销、财务管理等，通过实际操作，加深对理论知识的掌握，并在实践中培养解决实际问题的能力。

其次，实习与实践项目可以让学生了解行业动态。在实习中，大学生可以接触到不同行业的企业和业务，了解行业的最新趋势。这有助于他们更好地把握行业发展的脉搏，为自己的创新创业项目找到合适的定位。

最后，实习与实践项目还可以培养大学生解决问题的能力。在实际工作中，他们需要面对各种问题和挑战，如项目延误、资源短缺等。通过与团队成员合作，他们可以学会如何有效地沟通、协调和解决问题，提高自己的应对能力。

综上所述，积累实习与实践经验对于大学生创新创业具有重要意义。通过实习与实践项目，大学生可以应用所学知识，了解行业动态，培养解决问题的能力，为未来的创新创业奠定坚实的基础。因此，大学生应该积极参与实习与实践项目，以积累宝贵的实践经验，提升自己的创业能力。

3.参与创新创业项目

参与学校或社会组织的创新创业项目是一种有效的能力培养方式。这不仅可以提升大学生的实际操作能力，还可以增强他们的创新创业意识和风险意识。

首先，参与创新创业项目可以提升大学生的实际操作能力。在项目中，大学生需要将理论知识应用于实际操作中，如市场调研、产品开发、团队管理等。通过实际操作，他们可以加深对理论知识的理解，并在实践中培养解决问题的能力。

其次，参与创新创业项目可以增强大学生的创新创业意识。在项目中，大学生需要面对各种挑战和问题，如市场需求的变化、竞争对手的出现等。为了应对这些挑战，他们需要运用创新思维，提出新颖独特的解决方案。这种创新思维的培养有助于他们在未来的创业过程中取得成功。

最后，参与创新创业项目可以增强大学生的风险意识。在项目中，大学生需要面对各种风险，如市场风险、财务风险等。通过分析风险因素，他们可以学会如何评估和控制风险，提高自己的风险管理能力。

综上所述，参与创新创业项目是一种有效的能力培养方式。通过参与项目，大学生可以提升实际操作能力，增强创新创业意识和风险意识。因此，大学生应该积极参与创新创业项目，以培养和提升自己的创业能力。

4.参加各类培训与讲座

参加创业培训课程和讲座可以帮助大学生拓宽视野，获取最新的创业知识和信息，与成功创业者交流经验。

首先，创业培训课程和讲座可以帮助大学生了解最新的创业趋势和市场动态。这些课程和讲座通常由行业专家和成功创业者主讲，他们分享自己的经验和见解，帮助大学生更好地把握市场机遇，为创业做好准备。

其次，参加创业培训课程和讲座可以学习到实用的创业技巧和策略。这些课程和讲座涵盖了创业过程中的各个环节，如市场调研、产品开发、团队管理等。通过学习这些实用技巧，大学生可以提高自己的创业能力，为创业成功打下坚实的基础。

最后，创业培训课程和讲座是一个与成功创业者交流经验的好机会。在这些活动中，大学生可以与成功创业者进行面对面的交流，了解他们的创业故事和成功经验。

在知识爆炸和信息快速迭代的今天，传统的知识和技能迅速老化，新的挑战和问题层出不穷。大学生作为社会未来的主力军，只有不断地拓展自己的创新思维，培养多元化的能力，才能适应这种快速变化的环境，解决复杂的问题，抓住新的机遇。创新思维促使大学生跳出传统框架，探索未知，创造新知；而创业能力的培养则是实现这一目标的基础和保障。

对于有志于创业的大学生而言，创新思维和强大的创业能力是他们走向成功的关键。创新思维激发创业灵感，帮助他们在激烈的市场竞争中发现独特的创业机会；而领导力、团队协作能力、沟通能力等能力的培养，则确保了他们能够将创意转化为现实，有效管理创业项目，应对创业过程中的各种挑战。因此，大学生的创新思维与能力培养不仅关系到个人的成长和成功，也是推动社会创新和经济发展的重要力量。

鉴于大学生创新思维与能力培养的重要性，全社会应当给予更多的关注和支持，包括但不限于提供更多的学习资源和实践机会，创建更加开放和包容的学习环境，以及鼓励更多的社会机构和企业参与到大学生的教育和培训中来。此外，政府和教育部门也应出台相应的政策，鼓励创新思维和创业能力的培养，为大学生创业提供更多的支持和服务。只有社会各界共同努力，才能真正激发大学生的创新潜力，培养出更多具有创新精神和实践能力的人才，推动社会持续进步和发展。

总之，大学生创新思维与能力的培养是一个系统工程，需要政府、教育者、学生，以及社会各界的共同参与和努力。在这个过程中，大学生不仅能够实现个人价值，还能为社会创造更多的价值，共同构建一个更加繁荣的未来。

第二节　影响大学生创业意愿和创业精神的因素

在就业压力日益增大的现实情况下，大学生创业不仅为自身的职业发展提供了更多选择，也为社会经济带来了新的活力和创新。大学生的创业意愿和创业精神，是驱动他们走向创业道路的内在动力。

创业意愿可以被理解为个体愿意投身于创业活动、尝试将创新想法转化为实际行动的心理倾向和动机。它是创业行为的前奏，是决定大学生是否走上创业之路的关键因素。而创业精神则是指在创业过程中展现出的创新、冒险、坚韧等一系列积极的品质和态度，不仅包括对新事物的敏锐洞察力和创新能力，也涵盖了面对困难和挑战时的坚持和勇气，以及在不确定中做出决策的勇敢和智慧。

大学生的创业意愿和创业精神受个人特质、社会环境和教育环境的影响。因此，全面提升大学生的创业意愿和创业精神，需要社会、学校、学生等多方面的共同努力和支持。

一、个人特质因素

（一）创业动机

创业动机是驱使个人投身于创业活动的内在欲望，包括对成功的追求、对独立自主的渴望、对社会贡献的愿望等。创业动机是创业意愿的核心，影响着大学生是否愿意承担创业的风险和挑战。

首先，大学生可能因为对成功的渴望而选择创业，希望通过自己的努力和创意实现事业上的成功。这种动机可以激励他们克服困难，坚持不懈地追求创业目标。

其次，大学生可能因为对独立和自由工作的渴望而选择创业，希望通过自己的方式管理企业。这种动机可以激发他们的创新精神，勇于探索和尝试。

最后，大学生可能因为对社会有强烈的责任感而选择创业，希望通过创业为社会创造价值，解决社会问题。这种动机可以促使他们关注社会需求，致力于实现社会和环境的可持续发展。

综上所述，创业动机是大学生是否愿意承担创业风险和挑战的关键因素。对成功的追求、对独立自主的渴望和对社会贡献的愿望等创业动机，可以激发大学生的创业意愿，推动他们积极投身于创业活动。因此，我们应该关注大学生的创业动机，为他们提供支持和鼓励，帮助他们实现创业梦想。

（二）冒险精神

冒险精神反映了个体面对不确定性和潜在失败时的态度和勇气。具有较高冒险精神的大学生更倾向于参与创业活动。

首先，冒险精神可以激励大学生勇于尝试新事物。在创业过程中，大学生需要不断地尝试新的方法和策略，以应对市场的变化和挑战。具有冒险精神的大学生更愿意接受挑战，敢于尝试，这有助于他们在创业中取得成功。

其次，冒险精神可以帮助大学生应对创业中的失败。在创业过程中，失败是难以避免的。具有冒险精神的大学生在面对失败时，能够保持积极的心态，从失败中吸取教训，不断调整和优化自己的创业策略。

最后，冒险精神可以激发大学生的创新思维。在创业过程中，创新是关键。具有冒险精神的大学生更愿意接受新的观点和想法，敢于挑战传统观念，从而在创业中提出独特的解决方案。这种创新思维有助于他们在激烈的市场竞争中脱颖而出。

（三）抗压能力

创业过程充满压力和挑战，因此抗压能力成为大学生是否能持续推进创业项目的关键因素。具备良好抗压能力的大学生能更有效地管理创业过程中的压力，保持积极的心态。

首先，良好的抗压能力有助于大学生应对创业过程中的各种压力。在创业过程中，大学生可能会遇到各种挑战和困难，如资金短缺、团队冲突、市场变化等。具备良好抗压能力的大学生能够保持冷静，理性分析问题，寻找解决方案，从而更好地应对这些压力。

其次，良好的抗压能力有助于大学生保持积极的心态。在面对困难和挑战时，具备良好抗压能力的大学生能够保持乐观的心态，相信自己能够解决问题，这有助于他们在创业过程中保持动力，持续努力。

最后，良好的抗压能力有助于大学生在创业过程中保持心理健康。创业过程中的压力和挑战可能会对大学生的心理健康产生影响。具备良好抗压能力的大学生能够有效地管理自己的情绪，保持心理健康，从而更好地应对创业过程中的各种挑战。

二、社会环境因素

（一）家庭背景

家庭背景包括家庭经济状况、父母的教育水平和职业经历等，对大学生的创业意愿和创业精神具有重要影响。家庭的支持不仅能为大学生创业提供必要的资源，还能增强大学生的信心和动力。

首先，家庭经济状况对大学生的创业意愿有着直接影响。经济条件较好的家庭可以为大学生提供更多的创业资源，如资金支持、人脉资源等。这有助于大学生更好地开展创业活动，实现创业梦想。

其次，父母的教育水平和职业经历也影响着大学生的创业意愿。父母的教育水平和职业经历可以为大学生提供宝贵的经验和知识，有助于他们在创业过程中做出明智的决策。

最后，家庭的支持对大学生的创业意愿和创业精神具有重要影响。在创业过程中，大学生面临很多挑战，父母的情感支持可以给予他们安全感和信心，减轻他们的焦虑和抑郁情绪。家庭可以成为大学生坚强的后盾，帮助他们克服困难和挑战。

（二）社会支持

社会支持包括来自政府、高校、企业和社会组织的各种资源和帮助。这些支持能够为大学生提供创业的机会和平台，降低创业门槛，增强他们的创业意愿。

首先，政府支持对于大学生创业具有重要意义。政府可以通过提供创业资金、税收优惠、创业指导等，为大学生创业提供必要的支持和帮助。政府支持可以帮助大学生降低创业风险，提高创业成功率。例如，一些地区推出了创业基金，为初创企业提供资金支持，帮助企业解决创业初期的资金困难。

其次，高校支持对于大学生创业非常重要。高校可以提供创业课程、实践平台、创业指导等，帮助大学生掌握创业知识和技能，提高大学生的创业能力。同时，高校还可以为大学生提供与企业和行业专家交流的机会，帮助大学生了解市场需求和行业发展趋势。例如，一些高校与当地企业合作，为学生提供实习和实训机会，帮助学生将所学知识应用于实际工作中。

最后，企业和社会组织的支持与帮助对于大学生创业也非常重要。企业可以通过提供实习机会、创业指导、投资支持等方式，为大学生创业提供资源和经验。社会组织可以通过举办创业竞赛、提供创业培训等方式，为大学生创业提供指导和帮助。例如，一些社会组织举办创业大赛，鼓励大学生展示自己的创业想法和项目，并提供奖金和资源支持。

（三）社会价值观

社会对创业的态度和价值观念也会影响大学生的创业意愿。在一个鼓励创新、对失败容忍度高的社会环境中，大学生更可能具有强烈的创业意愿。

首先，社会对创业的鼓励态度能够激发大学生的创业热情。在一个鼓励创业的社会环境中，大学生会感受到创业是一种值得追求的职业选择，从而更愿意投身于创业活动。这种鼓励态度可以增强大学生的创业信心，鼓励他们勇敢地追求创业梦想。

其次，社会对失败的容忍度对大学生的创业意愿具有重要的影响。在一个对失败容忍度高的社会环境中，大学生不会因为一次失败而气馁，而是能够从失败中吸取教训，不断调整和优化自己的创业策略。这种对失败容忍度高的社会环境有助于大学生保持积极的心态，勇敢地面对创业过程中的挑战。

最后，社会对创业价值的认可也能够增强大学生的创业意愿。在一个认可创业的社会环境中，大学生会感受到创业不仅仅是一种职业选择，更是一种实现个人价值和为社会做出贡献的方式。这种认可有助于大学生树立正确的创业观念，更加坚定地追求创业梦想。

三、教育环境因素

（一）创新创业教育

首先，创新创业教育可以教授大学生创业所需的理论知识。这些课程包括市场分析、财务管理、团队管理等，为大学生提供创业所需的系统知识。通过理论学习，大学生可以更好地理解创业过程，为创业做好准备。

其次，创新创业教育可以培养大学生的创业技能。通过讲座和工作坊等形式，大学生可以学习到创业过程中的实用技能，如商业计划书的撰写、团队沟通和协作等。这些技能对于大学生创业至关重要，可以帮助他们更有效地应对挑战。

最后，创新创业教育可以激发大学生的创业意愿。通过创新创业课程的学习和实践，大学生可以接触到创业的真实案例和成功故事，从而激发他们的创业热情和动力。这种激发可以帮助大学生坚定创业信念，勇于追求创业梦想。

（二）创业氛围

校园内部的创业俱乐部、创业竞赛和创业孵化器等，能够激发大学生的创业意愿，为大学生提供实践机会，使他们在创业过程中学习和成长。

首先，创业俱乐部为大学生提供了一个交流和学习的平台，有助于激发他们的创业热情和动力。这些俱乐部通常由对创业感兴趣的学生组成，他们通过定期聚会、讨论和实践，分享创业经验和知识。

其次，创业竞赛为大学生提供了一个展示和检验自己创业想法的机会。通过参加创业竞赛，大学生可以与其他参赛者竞争，学习他们的优点，从而提高自己的创业能力。同时，创业竞赛也是一个展示自己创意和实现创业想法的舞台，有助于增强大学生的创业信心。

最后，创业孵化器为大学生提供了一个实践平台。这些孵化器通常由学校或企业提供，为大学生提供办公空间、设备支持、技术咨询等服务。在孵化器中，大学生可以将自己的创业想法转化为实际项目，并得到专业的指导和帮助。这有助于他们在创业过程中学习和成长，提高创业成功率。

综上所述，校园内部的创业氛围对于激发大学生的创业意愿具有重要意义。因此，我们应该重视校园内的创业氛围建设，为大学生提供更多的创业机会和资源，帮助他们实现创业梦想。

（三）创业指导

来自教师和行业导师的创业指导对大学生创业至关重要。专业的指导不仅能够提供必要的知识和信息，还能帮助大学生规避创业中的常见陷阱，增强他们的创业决策能力。

首先，教师和行业导师的创业指导可以提供大学生创业所需的理论和实践知识。这些知识和信息有助于大学生更好地理解创业过程，制定合理的创业策略。

其次，创业指导可以帮助大学生规避创业中的常见陷阱。在创业过程中，大学生可能会遇到各种风险和挑战，如资金短缺、市场定位错误、团队管理问题等。教师和行业导师的经验和见解可以帮助大学生识别和规避这些陷阱，提高大学生的创业成功率。

最后，创业指导可以增强大学生的创业决策能力。在创业过程中，大学生需要做出许多重要的决策，如选择创业项目、制订商业计划、招聘团队成员等。教师和行业导师的指导可以帮助大学生更好地分析问题，权衡利弊，做出明智的决策。

第三节　大学生创业的必备素质探究

在当代社会,大学生创业已经成为一种趋势和现象,它不仅为青年提供了实现自我价值和探索职业生涯的新途径,同时也为社会经济的发展注入了新的活力。创业过程中充满了不确定性和挑战,因此创业者需要具备一系列的素质,以应对各种困难和挑战,包括创新思维、决策能力、领导力、团队协作能力以及抗压能力等。这些素质是大学生创业成功的关键,能够帮助年轻创业者在竞争激烈的市场中立足,解决问题,并最终实现创业目标。

一、大学生创业的必备素质

(一) 具备创新思维

1.创新意识的培养

创新意识是创新思维的基础。大学生可以通过阅读创新案例、参加创新竞赛、与创业者交流等方式,激发和培养自己的创新意识,学会从不同的角度和层次思考问题。

首先,阅读创新案例可以帮助大学生了解不同领域的创新方法和实践。通过阅读这些案例,大学生可以学习创新者的思考方式和实践经验,从而激发自己的创新思维。

其次,参加创新竞赛可以让大学生在实际操作中锻炼创新思维。在竞赛中,大学生需要面对各种挑战和问题,运用创新思维提出解决方案。

最后,与创业者交流也是培养大学生创新意识的重要途径。创业者通常具有丰富的创新经验和实践经验,与他们的交流可以让大学生了解创业者的创新方法,从而激发自己的创新意识。

2.创新能力的提升

提升创新能力需要不断实践和尝试。大学生可以通过参与科研项目、开展创新实验、制作原型等活动,逐步提高创新能力。

首先,参与科研项目可以帮助大学生深入探索某一领域,了解科研过程。在科研项目中,大学生需要提出问题、设计实验方案、收集和分析数据等。这些实践活动有助于大学生学习创新方法，培养创新能力。

其次，开展创新实验可以让大学生在实践中检验和优化自己的创新想法。通过实验，大学生可以验证创新方案的可行性，发现问题并进行调整。这种实验过程有助于大学生逐步提高创新能力。

最后，制作原型是大学生提升创新能力的重要环节。原型制作可以帮助大学生将创新想法转化为实际产品或服务。在制作过程中，大学生需要考虑产品设计、功能实现、用户体验等因素。这种实践过程有助于大学生更好地理解创新方法，提高创新能力。

（二）具备领导能力

1.团队管理

大学生可以通过组织或参与学生社团、项目团队等，实际参与团队建设和管理，学习如何激励团队成员、协调团队关系、解决团队冲突。

首先，学生社团可以为大学生提供学习团队管理的机会。在社团中，大学生可以担任组织者或参与者的角色，学习如何制定社团目标和计划、协调社团成员的工作、解决社团运作中的问题等。

其次，参与项目团队也是大学生学习团队管理的重要途径。在项目团队中，大学生需要与其他成员合作，共同完成项目任务。在这个过程中，大学生可以学习到如何分工合作、如何协调团队关系、如何解决团队冲突等团队管理技巧。

最后，大学生还可以通过参与志愿者组织或社会实践活动学习团队管理。在这些活动中，大学生需要与不同背景的人合作，共同完成任务。这有助于培养大学生的团队管理能力，使其学会如何在团队中发挥作用。

2.决策能力

决策能力对领导者至关重要。大学生可以通过模拟创业游戏、案例分析、参与创业竞赛或创业项目等方式，锻炼自己的决策能力，学会如何在信息不完全的情况下，做出最佳决策。

首先，模拟创业游戏是大学生锻炼决策能力的一种有效方式。在这些游戏中，大学生需要面对各种创业挑战，如资源分配、市场定位、团队管理等，学习如何在实际创业中做出明智的决策。

其次，案例分析也是大学生锻炼决策能力的重要途径。通过分析真实或模拟的创业案例，大学生可以了解决策者在不同情境下的思考方式和决策过程。这种分析有助于大学生学习决策技巧，提高自己的决策能力。

最后，大学生还可以通过参与创业竞赛或创业项目，实际参与决策过程。在这些活动中，大学生需要与其他团队成员一起，面对各种创业挑战，共同做出决策。这种实践经验有助于大学生培养决策能力，学会如何在团队中发挥领导作用。

综上所述，通过模拟创业游戏、案例分析、参与创业竞赛或创业项目等方式，大学生可以锻炼自己的决策能力，学会如何在信息不完全的情况下，做出最佳决策。这些实践经验有助于大学生学习决策技巧，提高领导力。因此，大学生应该积极参与相关活动，以培养和提升自己的决策能力。

（三）具备执行力

1.任务完成能力

大学生可以通过设定个人目标、参与项目实践、参与课外活动和社团组织等方式，培养自己的任务完成能力，学会如何高效地完成任务。

首先，设定个人目标对于培养大学生任务完成能力至关重要。大学生应该根据自己的兴趣和职业规划，设定清晰、具体、可实现的目标。通过这些目标，大学生可以明确自己的任务和责任，从而提高任务完成率。

其次，参与项目实践是培养大学生任务完成能力的重要途径。在项目实践中，大学生需要与其他团队成员合作，共同完成项目任务。在这个过程中，大学生可以学习到如何分工合作、如何高效分配时间和资源、如何有效沟通和协调等任务完成技巧。

最后，大学生还可以通过参与课外活动和社团组织，锻炼自己的任务完成能力。在这些活动中，大学生需要承担一定的责任，如组织活动、管理团队等。通过这些实践，大学生可以培养自己的任务完成能力，学会如何在压力下工作。

2.时间管理

时间管理是提高执行力的重要手段。通过使用时间管理工具、制定合理的时间表等方法，大学生可以有效管理自己的时间，提高工作和学习的效率。

首先，使用时间管理工具可以帮助大学生更好地规划自己的时间。时间管理工具包括日历、提醒事项、时间跟踪器等，帮助大学生合理安排每天的学习和休息时间，确保按时完成任务。

其次，制定合理的时间表可以帮助大学生合理安排自己的时间。大学生应该根据自己的课程安排、课外活动和休息时间，制定一份详细的时间表。时间表应包括具体的时间段和任务内容，并预留出一定的缓冲时间以应对突发事件。

最后，学会优先级排序也可以帮助大学生提高时间管理的能力。大学生应该学会区分重要和紧急的任务，将更多的时间和精力投入到重要任务上。同时，对紧急任务，大学生应保持灵活性，能够迅速调整时间表以适应新的任务需求。

综上所述，大学生可以通过使用时间管理工具、制定合理的时间表和学会优先级排序，有效地管理自己的时间，提高工作和学习的效率。这些时间管理技巧对提高大学生的执行力至关重要。因此，大学生应该学会并实践这些时间管理方法，以提高自己的工作效率。

（四）具备沟通能力

1.团队协作

沟通能力是团队协作的基础。大学生可以通过参与团队项目、组织团队活动等，实践沟通技巧，学会如何有效地与团队成员沟通和协作。

第一，参与团队项目是大学生锻炼团队协作能力的重要途径。在团队项目中，大学生需要与不同背景的团队成员共同工作，共同解决问题。通过参与团队项目，大学生可以学习到如何有效地沟通和协作，提高团队整体的工作效率。

第二，组织团队活动也是大学生锻炼团队协作能力的方式之一。通过组织团队活动，大学生可以学习到如何与团队成员沟通和协调，提高团队的凝聚力。组织团队活动还可以帮助大学生了解团队成员的需求和期望，从而更好地满足团队成员的需求，促进团队协作。

2.谈判技巧

谈判技巧对于创业过程中的资源获取和合作非常重要。通过模拟谈判、参加谈判技巧培训等，大学生可以学习如何在谈判中更好地表达自己的需求和立场。

第一，模拟谈判可以帮助大学生在安全的环境中实践谈判技巧。在模拟谈判中，大学生可以扮演不同的角色，如供应商、合作伙伴或投资者，并尝试达成协议。这种实践有助于大学生学习如何在谈判中表达自己的需求和立场，并尊重和理解对方的立场。

第二，参加谈判技巧培训是大学生提高谈判能力的关键。专业的谈判培训课程可以帮助大学生学习谈判策略、沟通技巧和冲突解决方法。这些技巧对大学生在创业过程中与他人合作至关重要，因为他们需要与各种合作伙伴和利益相关者进行谈判。

（五）具备学习能力

1.知识更新

随着行业技术和市场需求的不断变化，大学生需要不断地学习和积累新知识。大学生可以通过在线课程、专业书籍、行业报告等渠道，不断更新自己的专业知识和市场信息。

首先，在线课程是大学生更新知识的便捷途径。互联网上丰富的在线课程资源涵盖了各个领域的最新知识和技能。大学生可以根据自己的兴趣和专业需求，选择相关的在线课程进行学习。这些课程通常由行业专家或知名学者讲授，能够帮助大学生及时掌握最新的理论和实践知识。

其次，阅读专业书籍也是大学生更新知识的重要方式。专业书籍通常包含深入的理论和实践案例，有助于大学生全面和系统地理解专业知识。通过阅读专业书籍，大学生可以了解行业的最新动态和发展趋势，为自己的学习和创业提供指导。

最后，关注行业报告和动态也是大学生更新知识的重要手段。行业报告通常由专业研究机构或咨询公司发布，包括对特定行业或领域的深入分析和预测。大学生可以通过阅读行业报告，了解行业的最新发展趋势和潜在机会，为自己的学习和创业提供参考。

综上所述，通过在线课程、专业书籍和关注行业报告等方式，大学生可以不断更新自己的专业知识和市场信息。这些学习渠道有助于大学生紧跟时代发展，为自己的学习和创业提供有力支持。因此，大学生应该积极利用这些资源，以持续更新自己的知识储备。

2.持续学习

在当今这个知识爆炸的时代，知识和技能的更新速度不断加快，因此持续学习能力至关重要。通过建立学习计划、参与学习社群、参与学习小组或研究团队等方式，大学生可以培养自己的自主学习能力，从而适应快速变化的环境。

首先，建立学习计划是大学生持续学习的基础。一个好的学习计划可以帮助大学生合理安排学习时间，确保顺利完成学习任务。大学生应该根据自己的学习目标和时间安排，制订一份详细的学习计划，包括学习内容、学习时间、学习方法等，确保自己能够有规律地进行学习。

其次，参与学习社群是大学生培养自主学习能力的重要途径。学习社群可以为大学生提供学习交流的平台，让他们有机会与其他学习者分享学习经验、讨论学习问题、互相鼓励和支持。

最后，大学生还可以通过参与学习小组或研究团队，培养自己的团队合作能力和创新思维。在学习小组或研究团队中，大学生需要与他人共同完成学习任务，这有助于他们提高自己的学习效率和自主学习能力。

（六）具备抗压能力

1. 心理素质

强大的心理素质是抗压能力的基础。在创业过程中，大学生需要面对各种压力和挑战，如市场竞争、团队管理、资金筹集等。拥有强大的心理素质可以帮助他们保持冷静，从而更好地应对压力和挑战。

首先，心理健康教育可以帮助大学生了解心理健康的知识，学会如何保持积极的心态和情绪稳定。心理健康教育通常包括心理调适技巧、情绪管理方法等，有助于大学生在压力和挑战面前保持冷静。

其次，进行压力管理训练是增强大学生心理素质的有效途径。压力管理训练可以帮助大学生学习如何识别和应对压力，提高自己的抗压能力。这些训练通常包括放松技巧、心理调适方法等，有助于大学生在压力面前保持积极的心态。

最后，大学生还可以通过参与心理辅导和心理咨询，解决心理问题和压力。心理辅导和心理咨询可以帮助大学生了解自己的心理状态，找到解决问题的方法，从而提高自己的心理素质。

综上所述，通过接受心理健康教育、进行压力管理训练、参与心理辅导和心理咨询等方式，大学生可以增强自己的心理素质，学会正面应对压力和挑战。

2. 应对挑战

首先，参与挑战性项目可以帮助大学生在实践中锻炼抗压能力。在挑战性项目中，大学生需要面对各种复杂、困难的问题，如时间紧迫、资源有限等。通过实践，大学生可以学习如何在压力下保持冷静，寻找解决方案，克服困难。

其次，解决实际问题也是提高抗压能力的重要途径。大学生可以通过实习、社会实践活动等，面对真实的工作和生活挑战。在解决实际问题的过程中，大学生可以学习如何在压力下保持积极的态度，运用所学知识和技能，寻找有效的解决方案。

最后，大学生还可以通过参加创新创业竞赛和项目锻炼抗压能力。在这些活动中，大学生需要面对激烈的竞争和复杂的问题，如市场调研、产品开发等。通过实际参与，大学生可以学习如何在压力下与团队成员协作，共同克服困难，实现目标。

二、培养创业必备素质的途径

对于有志于创业的大学生来说,培养创业必备素质是成功的关键。这些素质的培养并非一蹴而就的,而是需要通过多渠道、多方法的持续努力。以下是培养创业必备素质的三条主要途径,包括教育培养、社会资源利用和自我提升。

(一)教育培养

1.创新创业课程

创新创业课程是培养大学生创业素质的基础。大学生可以通过选修这些课程来系统地学习创业相关的理论知识、创新方法和企业管理技能。这些课程往往结合了案例分析、讲座、工作坊等多种教学方式,有助于学生理解创业的实质,掌握创业的基本技能。

首先,创新创业课程可以提供大学生创业所需的理论框架。创新创业课程涵盖了创业过程中的各个环节,如市场分析、财务管理、团队管理等。

其次,创新创业课程可以培养大学生的创新思维。创新创业课程通常包含创新方法的教学,如头脑风暴、TRIZ创新方法等。通过学习这些创新方法,大学生可以培养创新意识和创新能力,为创业过程中的创新提供支持。

最后,创新创业课程还可以培养大学生的企业管理技能。创新创业课程还教授企业运营的基本知识,如战略规划、组织管理、人力资源等。通过学习这些知识,大学生可以更好地管理企业,提高企业的运营效率。

综上所述,创新创业课程对于培养大学生的创业素质具有重要意义。通过选修这些课程,大学生可以系统地学习与创业相关的理论知识、创新方法和企业管理技能。这些知识不仅可以帮助他们更好地理解创业过程,还可以培养他们的创新思维和企业管理技能。因此,大学生应该积极参与创新创业课程,以提升自己的创业素质。

2.实践经验积累

实践是提升创业素质的重要途径。大学生可以通过参与学校组织的创新项目、创业比赛或创业实习,将理论知识应用于实践,通过亲身体验来积累经验、发现问题、学习解决问题的方法。

首先,参与学校组织的创新项目可以帮助大学生将所学知识应用于实践。在项目开展过程中,大学生需要进行市场调研、产品开发、团队管理等。

其次，创业比赛为大学生提供了一个展示和检验自己创业想法的机会。通过参加创业比赛，大学生可以与其他参赛者竞争，学习他们的优点，从而提高自己的创业能力。同时，创业比赛也是一个展示自己创意和实现想法的舞台，有助于增强大学生的创业信心。

最后，创业实习是大学生积累实践经验的重要途径。在实习过程中，大学生可以了解企业的运营模式和管理方法，亲身体验创业过程中的挑战和困难。通过实习，大学生可以学习创业过程中的实用技能，如团队沟通、项目管理和资源调配等。

（二）社会资源利用

1.导师指导

首先，导师可以为大学生提供宝贵的建议。导师具有丰富的创业经验和行业知识，可以对大学生的创业项目提供专业的意见和建议。这些建议可以帮助大学生更好地规划创业方向，制定合理的创业策略。

其次，导师可以为大学生提供专业的指导和反馈。他们了解行业的最新动态和趋势，可以对大学生的创业项目进行深入的分析和评估。这些指导和反馈可以帮助大学生发现项目中的问题和不足，并及时调整和改进。

最后，导师的创业经验对大学生创业非常重要。导师具有丰富的创业经验，大学生可以通过与导师的交流和学习，了解创业过程中的困难和挑战，学习如何应对和解决这些问题。

综上所述，导师指导对于大学生创业具有重要意义。通过创业导师的指导，大学生可以获得宝贵的建议、指导和反馈，学习他们的成功经验和教训，避免走弯路。因此，大学生应该积极寻找和利用导师资源，以提高自己的创业能力。

2.创业社群

加入创业社群可以让大学生与志同道合的人交流创业想法、分享创业经验。这些社群不仅是大学生学习和交流的平台，也是其寻找合作伙伴、扩大人脉、获取资源的途径。

首先，创业社群为大学生提供了交流和分享的平台。在这里，大学生可以与来自不同背景的创业者交流，分享自己的创业经验和心得。通过交流和分享，大学生可以学习到更多的创业知识和技巧，为自己的创业之路提供指导。

其次，创业社群也是大学生寻找合作伙伴、扩大人脉的途径。在社群中，大学生可以结识志同道合的人，共同探讨创业机会和合作的可能性。通过建立良好的人际关系，大学生可以扩大自己的人脉，为自己的创业项目找到合适的合作伙伴。

最后，创业社群还为大学生提供了获取资源的机会。这些社群通常会举办各种活动，如创业讲座、研讨会等。在这些活动中,大学生可以接触到行业专家、投资人等,有助于其获取资源。

(三)自我提升

1.反思与总结

定期反思与总结是自我提升的关键。大学生创业者应该养成定期回顾创业过程中的成功和失败、总结经验教训的习惯,通过反思与总结不断调整创业策略,提升创业能力。

首先,反思与总结可以帮助大学生创业者发现创业过程中的优点和不足。通过回顾自己的创业经历,他们可以发现哪些做法是成功的,哪些做法需要改进。

其次,反思与总结可以帮助大学生创业者总结经验教训。在创业过程中,他们会遇到各种挑战和困难。通过反思与总结,他们可以学习如何应对这些挑战和困难,从而提高自己的创业能力。

最后,反思与总结可以帮助大学生创业者调整创业策略。他们可以根据反思与总结的结果,对创业策略进行调整,以更好地适应市场的变化和需求。

综上所述,大学生创业者应该养成定期反思与总结的习惯,以不断提高自己的创业能力。这种习惯可以帮助他们发现自己的优点和不足,从而调整创业策略。因此,大学生创业者应该重视反思与总结,将其作为自我提升的关键。

2.不断优化

创业是一个持续学习和调整的过程。大学生需要保持开放的心态,对自己的项目、产品或服务不断进行评估和优化。大学生应通过学习新知识、采纳新技术、调整商业模式,不断优化自己的创业实践,以适应市场和技术的变化。

首先,学习新知识是大学生创业持续优化的基础。大学生应该保持好奇心和求知欲,不断学习新的理论和实践知识。通过学习新知识,大学生可以了解到行业最新的发展趋势和市场需求,为自己的创业实践提供指导。

其次,采纳新技术是大学生创业持续优化的关键。随着科技的不断进步,新技术不断涌现,为大学生创业提供了新的机会和挑战。大学生应该关注新技术的发展,了解新技术的应用和潜力,为自己的创业实践提供创新和优化的可能。

最后,调整商业模式是大学生创业持续优化的必要手段。商业模式是企业运营的核心,直接关系企业的盈利能力和市场竞争力。大学生应该根据市场和技术的变化,对商业模式进行评估和调整,以适应市场和技术的变化。

第三章 创新创业团队建设

在当前日益复杂、竞争激烈的商业环境中,一个高效协作的团队是成功的关键。一个优秀的团队能够集合所有成员的力量,共同克服困难,创造卓越的业绩。

第一节 团队组建的原则与方法

团队组建的过程是将个体的知识、技能和经验汇聚在一起,共同实现既定目标的过程。在这个过程中,每位团队成员都能在相互协作中发挥自己的长处,弥补彼此的短板。一个优秀的团队能够确保团队成员之间高度协同,提升团队整体的工作效率和创新能力,这对于应对日益复杂的商业挑战尤为重要。

团队组建并非一个随意的过程,它需要遵循特定的原则和方法,以确保团队的多样性、平衡性和高效性。明确的团队组建原则有助于指导团队组建的方向和过程,确保团队能够围绕共同的目标和价值观快速形成合力。而有效的团队组建方法则能够提供具体的操作步骤和技巧,帮助团队领导者或创业者快速识别和吸引合适的人才、激发团队成员的潜能、优化团队结构。

一、团队组建的原则

（一）团队目标明确

团队的成功始于明确的目标设定。一个清晰、具体且可实现的团队目标能够为团队成员提供努力的方向。明确的团队目标有助于成员理解自己的角色和责任，从而在日常工作中做出更加有针对性的贡献。

首先，团队目标应该具有明确性。这意味着目标应该具体、可衡量，并且能够被团队成员理解和接受。明确的目标有助于团队成员更好地理解他们的工作与团队整体目标之间的关系，从而提高他们的工作动力和积极性。

其次，团队目标应该是具体的、可实现的。具体的目标有助于团队成员明确他们需要采取的具体行动和步骤。同时，可实现的目标可以激发团队成员的信心和动力，使他们相信自己能够实现目标。

最后，团队目标应该具有挑战性。挑战性的目标可以激发团队成员的潜能，鼓励他们走出自己的舒适区，从而实现更高的成就。挑战性的目标还可以激发团队成员之间的竞争和合作，推动他们共同进步。

（二）团队成员互补

每位团队成员都应该具有独特的技能、知识和经验，以确保团队整体能够覆盖项目需要的所有关键领域。互补的团队成员能够彼此学习，促进知识和技能的交流，增强团队的整体能力。

首先，团队成员的多样性意味着团队中包含了不同背景、不同专业领域的人才。这种多样性能够为团队带来多元化的思维和观点，有助于团队在解决问题时能够从多个角度出发，寻找创新的解决方案。每位团队成员的技能和知识可以相互补充，形成一个综合性的团队，从而提高团队的创新能力。

其次，团队成员的互补性是指团队成员之间的知识和技能相互补充，形成一个完整的团队。这种互补性可以确保团队在解决问题时能够覆盖所有关键领域，避免因团队成员的知识和技能不足而导致的问题。

最后，团队成员之间的互补性还能够促进团队的创新。互补的团队成员之间的交流和合作可以激发新的灵感，从而推动团队在解决问题时能够提出创新的解决方案。团队成员之间的互补性还能够提高团队的协作效率，使团队能够更有效地解决问题。

（三）团队成员认同团队文化

团队文化是一种特定的组织文化，是由团队成员共同创造并保持的一种价值观、信仰、行为准则和工作方式，能够深刻影响团队的凝聚力和工作氛围。每位团队成员都应该认同并积极参与团队文化的建设，共同创造一个开放、创新的工作环境。

首先，团队文化可以作为团队成员之间的纽带，加强彼此之间的联系和归属感，帮助团队成员在面临挑战和困难时保持一致性，共同克服困难。

其次，开放的团队文化可以促进团队成员之间的积极互动。一个开放的团队文化可以鼓励成员分享自己的想法和观点，促进成员之间的沟通和交流。这种积极互动有助于团队成员之间的相互学习和成长。

最后，团队文化的创新性可以激发团队成员的创造力和创新精神。团队文化可以鼓励团队成员勇于提出新想法、尝试新方法，并支持他们在创新过程中的失败和学习。

（四）团队成员相互信任

相互信任是团队高效运作的基石。只有在团队成员之间建立起坚实的信任关系，团队才能够有效地沟通和协作，共同面对挑战。信任的建立需要时间和努力，团队领导者应该通过公正的决策、坦诚的沟通和一致的行动来培养和维护团队的信任感。

首先，公正的决策是建立团队信任的基础。团队领导者需要公正地对待每位团队成员，确保他们的利益和意见得到充分的尊重。这种公正性可以增强团队成员对领导者的信任，从而促进团队的整体协作。

其次，坦诚的沟通是建立和维护团队信任的关键。团队领导者需要与团队成员保持开放和诚实的沟通，分享团队的信息和决策过程。这种坦诚可以增强团队成员之间的信任，使团队更加紧密地协作。

最后，一致的行动也是建立和维护团队信任的重要因素。团队领导者需要通过自己的行动来体现团队的共同价值观和目标，增强团队成员对领导者的信任，从而促进团队的整体协作。

综上所述，相互信任是团队高效运作的基石，大学生创业者应该注重建立和维护团队信任，确保团队成员之间的相互支持和协作，以提高团队的整体合作效率。

(五)团队成员能力匹配

团队成员的能力是否匹配团队目标和任务是团队成功的关键。每位成员的能力和技能都应该与其在团队中的角色相符,这不仅能够提高个人的工作满意度,还能提升团队的工作效率。

首先,能力匹配能够提高个人的工作满意度。当团队成员的能力与他们在团队中的角色相匹配时,他们更有可能感到自己的工作有价值、有意义。这有助于激发团队成员的工作热情,提高他们的工作动力和积极性。

其次,能力匹配能够提升团队的工作效率。团队成员的能力与他们在团队中的角色相匹配时,他们能够更有效地完成工作任务,更好地协作,减少沟通和协调的障碍,从而提高团队的整体工作效率。

最后,能力匹配还意味着团队能够根据项目需求灵活调整成员结构。当团队成员的能力与他们在团队中的角色相匹配时,团队可以根据项目的变化和需求灵活调整团队成员结构。这种灵活性有助于团队更好地适应项目的要求,保持团队的竞争力和适应性。

二、团队组建的方法

团队组建不仅需要遵循特定的原则,还需要实施具体的方法来确保团队的高效运作和持续发展。

(一)明确团队目标

在任何组织或项目中,确立团队目标是成功的基石。团队目标不仅指引团队的方向,而且可以激励每个成员朝着共同的目标努力。有效地设定团队目标,首先需要明确团队追求的长期目标和短期目标。这意味着团队目标应当是具体且明确的,能够通过具体的行动步骤来实现,并且在一定程度上可以量化,以便于跟踪进度和评估成果。

1.长期目标的设定

长期目标通常反映了团队的最终愿景,可能是几年甚至几十年的时间跨度。长期目标应当具有挑战性,但同时也要切实可行,能够激发团队成员的热情和创新思维。长期目标的设定需要考虑团队的核心价值观和使命,确保目标与这些基本原则相吻合。

2.短期目标的规划

与长期目标相比,短期目标更具体、更聚焦,通常覆盖几个月到一年的时间。短期目标是为了实现长期目标中的具体步骤,它们需要是可行的、可量化的,并且能够明确指出所需的资源和时间。通过设定短期目标,团队可以保持动力,同时对成果进行及时的评估和调整。

3.确保目标的可衡量性和可达成性

目标需要具备可衡量性和可达成性,只有这样,团队成员才能清晰地知道什么是成功,以及如何达到成功。例如,"提高产品质量"可以设定为"在接下来的六个月内,通过降低缺陷率10%,来提高产品质量"。

4.鼓励团队成员参与目标设定过程

团队领导者应当鼓励团队成员参与到目标设定的过程中来。这样不仅可以确保目标更全面地反映团队的共同愿望和期望,还能提高团队成员对目标的认同感和参与度。团队成员参与目标设定的过程可以通过开放式会议、工作坊或调查问卷等形式进行。

5.目标的持续评估与调整

明确目标之后,重要的是要定期回顾这些目标,评估团队的进展,并根据外部环境的变化或团队能力的提升进行必要的调整。这种灵活性可以帮助团队适应不断变化的环境,同时确保目标始终保持相关性和挑战性。

(二)建立团队文化

团队文化的重要性不可小视,它是团队成功的基石之一。积极、包容的团队文化可以极大地促进成员之间的沟通与协作,从而加速团队向既定目标前进。为了有效地建立和培养积极、包容的团队文化,团队领导者需要综合考虑多个因素,并采取切实可行的措施来塑造和维护团队的文化。

1.明确团队价值观

团队文化的核心是其价值观。团队价值观指导团队成员的行为,因此必须清晰定义并被团队成员广泛接受。团队价值观的确定应当反映团队的目标和愿景,同时具有正直、尊重和卓越等正面属性。通过团队建设活动、工作坊和日常交流等形式,团队领导者可以帮助成员深入理解团队的价值观,并将其内化为成员的行为准则。

2.鼓励开放、坦诚的沟通

开放、坦诚的沟通是团队建立信任的关键。团队领导者应当鼓励团队成员分享想法、意见和担忧。开放、坦诚的沟通方式不仅有助于团队及时解决问题，还能增强团队成员之间的联系和协作。

3.培养互助合作的环境

鼓励合作的团队文化能够显著提高团队的工作效率和成员的个人满意度。领导者可以通过设立团队目标、鼓励跨职能协作和认可卓越团队贡献等方式，强化团队成员之间的合作精神。

4.以身作则，树立榜样

团队领导者在塑造团队文化方面扮演着至关重要的角色。领导者的行为和态度为团队成员树立了标杆，因此他们需要通过自己的行动来体现团队的价值观和期望的行为准则。通过坚持不懈地展现积极的态度和行为，领导者可以激励团队成员积极参与，共同营造一个积极向上的团队文化。

建立和维护团队文化是一个持续的过程，需要领导者的不懈努力和团队成员的积极参与。

（三）筛选团队成员

在构建一个高效、协同的团队时，选择合适的成员至关重要。团队成员的筛选不仅涉及对个人技能和经验的评估，还包括对其个性特质、工作态度和团队合作能力的综合考量。一个人可能在技能上非常出色，但如果他的工作方式和团队文化不兼容，那么这种不匹配可能会影响团队的整体表现和氛围。因此，筛选合适的团队成员是确保团队成功的重要步骤。

1.个人专业技能和经验的评估

个人专业技能和经验的评估是筛选团队成员过程的基础部分，旨在确保候选人具有完成任务所需的技术能力和相关经验。通过简历筛选、专业能力测试和技术面试等方法，团队可以评估候选人的专业水平和经验是否达到团队的要求。

2.个性特质的考查

个性特质对于团队成员的适应性和与团队的协作有着直接的影响。通过行为面试和个性测评等手段，团队可以了解候选人的个性特质，评估他们是否能够融入团队文化和工作环境。

3.工作态度和团队合作能力的评价

一个人的工作态度和他如何与他人合作，对团队的整体表现有着深远的影响。团队应寻找积极、乐观、愿意接受挑战和反馈的候选人。通过小组讨论、团队协作练习和情景模拟等形式，团队领导者可以评估候选人的团队合作能力和团队适应性。

4.文化适应性的考量

每个团队都有其独特的文化和价值观。团队领导者在筛选团队成员时要确保候选人的价值观和工作风格与团队文化相匹配。通过与团队成员的非正式交流、工作环境体验日或文化适应性面试，团队领导者能够评估候选人是否能够融入团队文化。

5.采用多样化的筛选方法

结合面试、小组讨论、能力测试、工作样本评估等多种方法，团队领导者可以从不同角度全面地评估候选人的适应性。多轮面试，包括与未来直接合作的团队成员的面试，可以进一步评估候选人与团队的匹配度。

有效的团队成员筛选过程不仅能够帮助团队挑选出具有所需技能和经验的成员，还能确保这些成员能够在个性、工作态度和团队合作能力上与团队文化和目标相契合。通过采用综合性的筛选方法，团队领导者可以构建一个既专业又和谐的团队，为实现团队目标奠定坚实的基础。

（四）进行团队成员培训

团队成员培训是提高团队工作效率和促进团队协作的重要策略。有针对性的培训可以确保每个成员都对团队的目标和文化有深刻的理解，同时提高他们在专业技能、沟通技巧和团队协作方面的能力。一个持续学习和发展的团队更能适应快速变化的工作环境，解决复杂的问题，并提出创新的解决方案。因此，定期进行团队成员培训是构建高效团队的关键。

1.团队目标和文化培训

了解团队的核心价值观、使命和长远目标对于每个团队成员来说都是至关重要的。对团队目标和文化的培训能够帮助新成员快速融入团队，同时也是让现有成员复习和重新聚焦团队核心理念的好机会。通过工作坊、团队建设活动和定期的交流会议，团队领导者可以加强团队文化的建设，促进成员之间的相互理解。

2.专业技能提升

在技术不断进步的今天，持续提升团队成员的专业技能水平是必不可少的。根据团队目标和工作需求，定期组织专业技能培训，如技术研讨会、在线课程、工作坊等，帮助团队成员不断提升专业技能水平。

3.沟通技巧培训

有效的沟通是团队协作的基石。通过沟通技巧培训，团队成员可以学习如何有效地表达自己的想法、倾听他人的观点，并在冲突中寻找解决方案。这种培训可以采取工作坊、角色扮演和团队沟通练习等形式进行。

4.团队协作能力强化

团队合作能力的培训旨在加强团队成员之间的协作能力。通过团队建设活动、协作项目和团队挑战等形式，成员可以在实践中学习如何更好地合作，理解团队协作的重要性，并提高解决团队内部问题的能力。

5.信任和相互了解的促进

团队培训也是一个促进团队成员之间相互信任和相互了解的良好机会。通过分享个人经历、团队反思活动等形式，团队成员可以深层次地相互了解，从而增强团队的凝聚力和合作精神。

（五）团队建设活动

团队建设活动是加强团队凝聚力、提高团队精神的有效途径。团队建设活动不仅有助于提升团队的工作效率，还能增进成员之间的相互理解和信任。团队建设活动可以在轻松愉快的氛围中促进成员间的沟通，增强团队的整体协作能力。团队建设活动可以是与业务紧密相关的，也可以是轻松的非正式活动，关键在于选择适合团队当前需要的活动类型。

1.业务相关的工作坊和研讨会

举办专业工作坊或研讨会不仅可以帮助团队成员提升专业技能水平，还能促进团队成员之间的知识分享和创意碰撞。例如，举办一个关于最新行业趋势的研讨会或一个围绕团队当前项目的工作坊，可以激发团队成员的创造力，增强团队的凝聚力。

2.户外拓展活动

参与户外拓展活动，如攀岩、漂流或定向越野等，是增强团队合作的极好方式。这类活动通过让团队成员共同面对挑战，可以帮助团队成员学会依赖彼此、有效沟通和共同解决问题，从而增强成员间的信任和团队的凝聚力。

3.团队聚餐和社交活动

非正式的聚餐和社交活动为团队成员提供了一个放松和相互了解的机会。在这种轻松的环境下，团队成员可以分享个人故事、兴趣爱好，从而增进彼此的了解。这种非正式的交流有助于团队成员打破工作中的壁垒，建立更加紧密的团队关系。

4.创意工作坊和艺术活动

体验创意工作坊和艺术活动不仅可以鼓励团队成员发挥创造力，还给成员提供了一种放松和减压的方式。这类活动不仅增加了团队成员之间的交流，还促进了团队成员的创新思维和艺术感知。

5.志愿者活动和社会责任项目

参与志愿者活动或社会责任项目不仅能够为社会做出贡献，还能增强团队的凝聚力。共同参与这些有意义的活动，可以让团队成员感受到自己工作的社会价值，进而增强团队的使命感。

定期组织不同类型的团队建设活动可以有效地提高团队的工作效率，加强成员间的相互理解和信任，从而建立一个更加团结和高效的团队。团队领导者需要根据团队的具体情况和需求，选择合适的活动，以确保每一次团队建设活动都能达到预期的效果。

总之，通过明确团队目标、建立团队文化、筛选团队成员、进行团队成员培训以及组织团队建设活动，团队领导者可以有效地组建和发展一个高效、协作的团队。这些方法相辅相成，共同作用于团队的形成和成长过程，为实现团队目标打下了坚实的基础。

对于大学生创业者来说，团队组建不仅是资源整合的手段，也是其学习和成长的平台。一个多元化且具有互补技能的团队能够集中不同的视角和创意，解决创业过程中遇到的问题，从而增加大学生创业者成功的可能性。此外，团队成员之间的互动和合作过程是大学生创业者宝贵的学习经历，可以帮助他们在实践中提升领导力、团队协作能力和解决问题的能力。因此，团队组建对于大学生创业者来说，不仅是其实现商业目标的关键，也是其个人发展和职业成长的重要途径。

第二节 团队成员的角色与职责

在大学生创新创业的过程中,明确团队成员的角色与职责是创新创业成功的关键因素之一。这不仅有助于确保团队内部的有效沟通和协作,而且对于实现团队目标和推进项目发展也至关重要。当每位团队成员都清楚自己的任务、贡献以及预期成果时,团队就能够有效地运作,减少重复工作和误解的可能性。这种明确性不仅提高了团队成员的工作效率,还增强了团队的信任感。此外,明确的角色和职责有助于领导者识别团队中的空缺和需要进一步发展的技能区域,使得团队能够及时调整和优化资源配置。

一、团队成员角色

在任何创业团队中,成员的角色分配都是多样化和专业化的。每个角色都承担着不同的责任,共同推动项目向前发展。

（一）创始人或领导者

创始人或领导者在任何创业团队中都扮演着至关重要的角色,他们不仅是团队的指导者,更是制定团队愿景和战略方向的关键人物。这一角色要有远见卓识,以及将愿景转化为实际行动的决断力。对于大学生创业团队而言,领导者的作用尤为重要,因为他们往往需要在资源有限的情况下,引领团队实现突破性的发展。

1.制定愿景和战略

一个清晰的愿景是团队共同努力的方向标,而实用的战略则是达成这一愿景的路线图。创始人或领导者必须深入理解市场和行业的动态,并以此为基础,制定既符合团队能力又能满足市场需求的长期目标和发展路径。这一过程需要领导者具备敏锐的洞察力和策略性思维,能够预见未来的机遇和挑战,并据此规划团队的前进方向。

2.领导和激励团队

创始人或领导者的影响力在于他们能够通过自己的言行激励团队成员,建立并维护一种积极的团队文化。这种团队文化能够激发团队成员的创新思维,促进团队成员之间的开放交流和协作,帮助团队在面对挑战时保持坚定和统一。创始人或领导者需要展现坚定的信念和对团队目标的热情,通过正面的反馈和认可,激发团队成员的潜力和动力,使他们在工作中感到被尊重和认可。

3.处理外部关系和资源获取

在创业早期,团队往往面临着资源紧张的挑战,有效地获取资金、技术和市场信息成为团队能否存活和发展的关键。作为团队的代表,创始人或领导者需要具备出色的沟通能力和谈判技巧,能够与外部的投资者、合作伙伴以及其他利益相关者建立稳固而有效的关系。通过积极的外部合作和网络构建,创始人或领导者为团队争取到了必要的资源支持,为团队的成长和扩张打下了坚实的基础。

(二)技术专家

技术专家在任何以技术为核心的创业团队中都扮演着至关重要的角色。他们不仅是团队中技术知识的集大成者,更是推动产品创新和技术进步的主力军。这一角色要具有深厚的专业知识,以及对最新技术趋势的敏锐洞察力。

1.开发和实施技术解决方案

技术专家的核心职责之一是针对团队的具体产品和服务需求,设计和开发技术解决方案。这不仅要求他们在技术领域有深厚的专业知识,还需要具备创新思维,能够将最新的技术趋势和工具应用到产品开发中,解决现实问题。技术专家在此过程中,要紧密与产品设计和市场营销团队合作,确保技术解决方案不仅在技术上可行,同时也能满足市场需求和用户期待。

2.维护和优化技术基础设施

除了开发新的技术解决方案之外,技术专家还负责维护和优化现有的技术基础设施,包括但不限于持续监控系统性能、识别和修复系统漏洞,以及对系统进行必要的更新和升级。技术专家要确保所有技术平台和系统的稳定运行,为用户提供无缝、高效的服务。此外,他们还需要不断寻找提高系统效率和性能的机会,通过技术创新、优化产品,提升团队的竞争力。

3.指导技术团队

技术专家还承担着领导和指导技术团队的责任。他们通过自己的专业知识和经验,指导团队成员解决技术难题,同时提供技术培训和指导,帮助团队成员提升专业技能水平。

技术专家在团队中的领导作用不仅体现在直接的技术指导上,还包括建立高效的开发流程,确保技术开发工作能够按计划顺利进行,满足项目的各项技术要求。

技术专家的角色对确保团队能够在激烈的市场竞争中保持技术领先地位至关重要。通过不断的技术创新和优化,以及对技术团队的有效指导和管理,技术专家为团队的长期发展奠定了坚实的基础。

(三)市场营销专家

市场营销专家在创业团队中担当着至关重要的角色,他们的工作不仅关乎产品的市场定位和推广,更直接影响着品牌的形象和市场份额的扩大。这一角色不仅要具备深厚的市场营销知识,还需对市场趋势有敏锐的洞察力,能够准确把握消费者的需求和行为。

1.制定和执行市场营销策略

市场营销专家的首要任务是基于深入的市场研究,制定全面而具体的营销策略,包括选择合适的市场定位、确定目标客户群,以及设计针对性的营销活动。营销活动涵盖广告投放、社交媒体推广、内容营销、电子邮件营销和促销活动等多个方面。制定策略后,市场营销专家还需负责执行这些策略,确保每一种营销活动都能达到预期的效果,同时灵活调整营销策略以应对市场的变化。

2.分析市场趋势和消费者行为

成功的市场营销离不开对市场趋势和消费者行为的持续跟踪与分析。市场营销专家需要利用各种数据分析工具,收集和分析市场数据,包括消费者偏好、购买行为、竞争对手动态等信息。这些分析结果对于调整营销策略、优化产品设计和提高顾客满意度至关重要。通过深入了解目标市场和消费者,市场营销专家能够为团队提供宝贵的建议,帮助产品更好地满足市场需求,从而提升市场竞争力。

3.管理品牌和公共关系

品牌形象的建立和维护是市场营销专家的另一项关键职责,包括设计一致的品牌视觉元素、传递一致的品牌信息,以及通过社交媒体、公关活动和客户服务等渠道与公众互动。通过有效的品牌管理和公共关系活动,市场营销专家不仅能够提升品牌知名度,还能塑造品牌形象,建立品牌信任。良好的品牌形象能够为企业赢得消费者的忠诚度,为产品打开市场,提高市场份额。

总之,市场营销专家通过制定和执行精准的市场营销策略、深入分析市场趋势和消费者行为，以及有效地管理品牌和公共关系，为创业团队在竞争激烈的市场环境中立足提供了强有力的支持。这些工作的成功执行，不仅能够帮助团队吸引和保留目标客户，还能够增强品牌的市场竞争力。

（四）财务专家

财务专家在创业团队中的作用不可或缺，他们通过专业的财务管理为团队的稳健成长提供支持。在资源有限的创业环境下，有效的财务规划和管理尤为重要，它能够帮助团队优化资源配置，减少不必要的开支，同时应对可能遇到的财务风险。

1. 财务计划和预算的制定

财务专家需要根据团队的业务目标和长远策略，制订出一套详细的财务计划和年度预算，包括预测未来的收入和支出、确定资金的分配优先级，以及设定财务目标。通过这样的财务规划，团队能够有方向地进行资源配置，确保各项活动和项目的开展都有足够的资金支持，同时避免过度开支和资金浪费。

2. 财务状况和财务风险的监控

财务专家的另一项关键职责是监控团队的财务状况和潜在的财务风险。财务专家需要定期审查和分析财务报表，包括资产负债表、利润表和现金流量表等，通过这些财务数据评估团队的财务健康状况。同时，他们还需要识别可能对团队造成威胁的内外部财务风险因素，如市场波动、信贷风险和运营风险等，并制定相应的财务风险管理策略，以预防和减轻这些财务风险对团队的影响。

3. 税务和会计事务的处理

确保财务活动的合规性是财务专家的重要职责之一，包括管理团队的会计记录，确保所有的财务交易都被准确记录和报告。同时，财务专家还负责处理团队的税务事务，包括计算应纳税额、准备和提交税务申报表等，确保团队遵守税法和会计准则。通过有效的税务和会计管理，财务专家可以帮助团队避免法律风险和潜在的财务损失，为团队的可持续发展提供坚实的基础。

总之，财务专家通过制订和执行财务计划和预算、监控财务状况和财务风险，以及处理税务和会计事务，为创业团队的财务健康和可持续发展提供了强有力的支持。这不仅有助于团队在激烈的市场竞争中保持稳健发展，还能为团队未来的扩张和成长打下坚实的财务基础。

（五）运营专家

运营专家在任何团队中都扮演着核心角色，特别是在快速变化的创业环境中，他们的作用变得尤为重要。通过确保日常运营的高效性、优化供应链和物流体系，以及管理团队结构，运营专家帮助创业团队在竞争激烈的市场中保持灵活、高效的运行。

1.确保日常运营的有效性

运营专家负责监督团队的日常运营活动，以确保各项工作流程高效、有序地进行，包括制定和实施运营策略、优化流程以及制定提升效率的措施。通过持续监控运营指标，如生产效率、成本控制和服务质量等，运营专家能够及时发现问题并采取相应措施进行调整。有效的日常运营管理不仅能够保障团队目标的顺利实现，还能提升团队整体的工作效率和响应市场变化的能力。

2.优化供应链和物流

在创业团队中，供应链和物流管理对于控制成本和提高客户满意度至关重要。运营专家通过分析供应链流程，识别瓶颈和浪费环节，制定改进措施来优化供应链体系。同时，他们还负责优化物流体系，包括货物的采购、存储、运输和配送等环节，以减少运输成本，缩短交货时间，提高客户满意度。通过这些措施，运营专家可以帮助团队构建更为高效的供应链和物流体系，支持团队的快速成长，提升团队的市场竞争力。

3.管理团队和组织结构

运营专家还负责优化团队结构和人力资源配置，确保团队的组织架构能够支持业务目标的实现，包括规划团队的建设、设计合理的组织结构，以及根据项目需求和团队发展进行人员调整。运营专家通过建立高效的团队管理和沟通机制，能够促进团队成员间的协作和知识分享，提高团队的整体执行力和适应性。此外，合理的人力资源分配和高效的组织管理也有助于提升团队士气和工作满意度，为团队创造一个积极向上的工作环境。

运营专家通过上述工作，确保了团队的运营活动能够高效顺畅进行，有效支持了团队的长期发展目标。他们的专业知识和管理能力对于创业团队的成功至关重要，能够帮助团队在面对市场和业务挑战时保持竞争力，实现可持续增长。

二、团队成员职责

（一）创始人或领导者的职责

创始人或领导者需要明确团队的目标和愿景，这些目标和愿景应该清晰、具体且具有挑战性，以激发团队成员的激情和动力。他们需要将这些目标传达给团队成员，确保每个人都知道他们的工作如何与团队目标相一致，从而增强团队成员的责任感和归属感。

创始人或领导者需要确保团队成员之间的协作顺畅，协调不同成员的工作，确保团队整体目标的实现。他们需要有效地沟通和协调，解决团队成员之间的分歧和冲突，确保团队的和谐与稳定。

创始人或领导者需要通过鼓励和支持团队成员，激发他们的热情和动力，确保团队始终保持积极向上的工作氛围。他们可以通过设立奖励、提供专业培训，以及创造一个支持和鼓励创新的工作环境，来激发团队成员的工作积极性和创造力。

综上所述，创始人或领导者需要具备制定和传达团队目标、协调团队工作以及激励团队成员的能力，以确保团队顺利运作和实现目标。他们的领导力和决策能力对团队的成功至关重要。因此，大学生创业者应该重视创始人或领导者的角色和职责，确保他们能够有效地领导和管理团队。

（二）技术专家的职责

技术专家在团队中扮演着关键角色，他们的专业知识和技能对于团队的成功至关重要。技术专家需要具备以下职责：

技术专家需要参与到技术研发和创新的过程中，推动团队的技术进步。他们需要不断学习最新的技术知识，并将这些知识应用于团队的项目中。同时，他们还需要关注行业动态，以便及时调整和优化技术方案。

技术专家需要为团队提供技术支持和解决方案，确保技术难题得到解决。他们需要具备较强的问题解决能力，能够快速定位并解决技术问题。此外，他们还需要与其他团队成员保持良好的沟通，确保技术解决方案能够得到有效实施。

在团队中，技术专家的角色至关重要。他们需要不断学习和提升自己的技术能力，以确保团队的技术优势。同时，他们还需要与其他团队成员密切合作，共同推动项目发展。因此，大学生创业者应该重视技术专家的角色，为他们提供良好的工作环境和资源支持，以充分发挥他们的专业优势。

（三）市场营销专家的职责

在任何创业团队中，市场营销专家都扮演着至关重要的角色。市场营销专家负责将产品和品牌的价值传递给目标消费者，从而推动销售和增强品牌影响力。为了实现这一目标，市场营销专家需要制定营销策略，并执行一系列精心策划的营销活动。

1.制定营销策略和计划

市场营销专家首先需要根据市场研究、消费者行为分析以及竞争对手的状况，制定一套全面的营销策略和计划。这个过程包括确定目标市场、明确产品定位，以及制定营销目标。接下来，他们需要策划具体的营销活动，包括线上和线下的广告投放、社交媒体营销、内容营销、事件营销等多种形式。有效的营销策略应当能够在正确的时间和地点，通过合适的渠道，将产品信息传达给目标消费者，从而激发其购买意愿。

2.推广产品和品牌

市场营销专家的另一个核心职责是推广产品和品牌。通过各种营销活动，市场营销专家需要提高目标消费者对产品的认知度和好感度，同时塑造和维护品牌形象。推广产品时，市场营销专家需要突出产品的独特卖点和价值主张，让消费者了解为什么该产品能满足他们的需求或解决他们的问题。而在品牌推广方面，市场营销专家要传递品牌的核心理念和文化，建立情感连接，从而在消费者心中树立积极、独特的品牌形象。此外，维护良好的公共关系和客户服务也是推广品牌的重要组成部分。

通过这些策略和活动，市场营销专家不仅能够提高产品的市场占有率，还能够在竞争激烈的市场中为品牌赢得一席之地。有效的市场营销工作需要市场营销专家不断地创新思维和对市场动态的敏锐洞察，以确保营销策略和计划能够适应不断变化的市场环境。

（四）财务专家的职责

在创业团队中，财务专家扮演着至关重要的角色。他们的专业知识和经验是确保团队在财务上保持稳健发展的基石。通过精心制订的财务计划和预算，财务专家能够有效地控制成本、优化资源分配，并为团队的长期目标提供财务支持。此外，管理财务风险和确保财务活动的合规性也是财务专家不可忽视的职责，这些都是维护团队财务安全和保障企业可持续发展的关键。

1. 制订财务计划和预算

财务专家首先需要基于团队的业务目标和策略，制订详细的财务计划和年度预算，包括预估未来的收入和支出、分析资金需求，以及确定如何有效地利用有限的资源以支持团队的运营和发展。财务计划和预算的制订，不仅需要财务专家具有前瞻性，还要求他们能够深入理解团队的业务流程和市场环境。通过执行这一计划和预算，财务专家能够帮助团队控制财务风险，避免财务危机。

2. 管理财务风险

除了财务规划和预算管理之外，财务专家还必须负责监控和管理团队面临的财务风险，包括市场风险、信用风险、流动性风险等。这要求财务专家不仅要对各种财务风险有深入的了解，还需要具备风险评估和管理的能力。通过建立有效的风险管理机制和内部控制系统，财务专家可以及时识别财务风险，采取措施进行规避或降低其影响，保障团队财务的安全性。

3. 确保财务活动的合规性

确保财务活动的合规性也是财务专家的重要职责之一，包括遵守相关的会计准则、税法规定以及其他财务法规，确保所有的财务报告和税务申报的准确性和时效性。

综上所述，财务专家通过制订和执行财务计划和预算、管理财务风险以及确保财务活动的合规性，为创业团队的稳定和成长提供了坚实的财务基础。他们的工作对于保障团队的财务健康至关重要，是团队可持续发展的重要保障。

（五）运营专家的职责

运营专家在团队中同样扮演着关键角色，运营专家需要具备以下职责：

运营专家需要确保团队日常运营的有效性，提高运营效率。他们需要制订和执行运营计划，监控运营流程，并持续优化运营策略。通过有效的运营管理，运营专家可以帮助团队提高工作效率，降低运营成本，并提升整体竞争力。

运营专家需要优化供应链和物流体系，确保产品的供应和交付。他们需要建立和维护供应链关系、优化物流流程，并管理库存和物流成本。通过高效的供应链和物流管理，运营专家可以帮助团队确保产品的及时供应和高质量交付，提高客户满意度。

运营专家需要管理团队，确保团队的高效运作。他们需要协调团队成员的工作，制定和实施团队管理策略，并评估团队绩效。通过有效的团队管理，运营专家可以提高团队成员的工作效率，增强团队凝聚力，并实现团队目标。

综上所述，运营专家需要具备确保日常运营的有效性、优化供应链和物流体系，以及管理团队的能力。他们的专业知识和技能对于团队的成功至关重要。因此，大学生创业者应该重视运营专家的角色，确保他们能够有效地管理团队，推动团队发展。

通过明确团队成员的职责，团队可以更好地协作，实现共同的目标。每位团队成员都应该清楚自己的职责，并努力发挥自己的专长，为团队的成功做出贡献。

从创始人到财务专家，每个人都扮演着特定的角色，有着特定的职责，共同推动团队向着共同的目标前进。明确的角色分配和职责划分不仅有助于提高团队工作的效率，还能促进团队内部的沟通，减少团队冲突，提升团队的整体执行力和创新能力。

对于大学生创业者而言，理解并明确团队成员的角色与职责尤为关键。在资源相对有限的创业初期，每位团队成员的专长和努力都是宝贵的资产。通过有效地分配角色和职责，大学生创业团队可以充分利用每个成员的优势，更好地应对创业过程中遇到的挑战，加快产品开发和市场推广的进程，提高创业项目的成功率。因此，明确和有效地分配团队成员的角色与职责，对于大学生创业团队来说至关重要。

第三节　团队协作与沟通

在当今快速变化的商业环境中，团队协作与沟通的重要性日益凸显。这两个要素是建立高效团队的基石，对于推动任何项目或企业的成功都至关重要。对于大学生创业项目来说，团队协作与沟通不仅是实现创新和持续成长的关键，也是面对挑战和竞争时不可或缺的能力。

一、团队协作与沟通的重要性

团队协作是指团队成员之间为了共同的目标而进行有效合作的过程。它要求每个成员都能够将个人的知识、技能和资源整合起来，共同解决问题和应对挑战。而沟通则是团队协作中的重要环节，它涉及信息的传递、意见的交换和理解的建立。良好的沟通能够确保信息在团队成员之间准确无误地流动，从而避免误解和冲突，提高团队的整体工作效率和执行力。在缺乏有效沟通的情况下，即使团队拥有优秀的成员和创意，也难以展现其潜力。

对于大学生创业者而言，团队协作和沟通尤其重要。在创业早期，资源通常有限，团队成员需要共同面对市场调研、产品开发、营销策略等一系列挑战。在这个过程中，有效的协作和沟通能够帮助团队集中智慧和力量，快速迭代产品，有效应对市场变化，从而提高创业项目的成功率。此外，对于大学生创业团队来说，团队成员往往拥有不同的学科背景、不同的知识和技能。因此，有效的协作和沟通能够促进团队跨学科融合与创新，为创业项目带来更多的创意和解决方案。

总之，团队协作与沟通对于大学生创业具有重要意义。它不仅能够提高团队的工作效率，促进创新和解决问题，还能够增强团队凝聚力，为创业项目的成功打下坚实的基础。

二、如何进行团队协作

团队协作是创业成功的关键要素，它要求团队成员共同努力，以达成共同的目标。实现高效的团队协作不仅需要遵循一定的基本原则，还需要采取具体的方法来促进团队成员之间的合作。

（一）团队协作的基本原则

团队协作的原则不仅指导着团队的日常运作，也决定着团队能否成功实现其目标。目标一致性、资源共享、分工合作是促进团队协作的三大基本原则，它们相互依赖，共同作用于团队的发展和成长。

1.目标一致性

团队的力量源于每个成员对共同目标的追求。确保所有团队成员理解并认同这一目标，是协作的首要前提。目标一致性可以确保团队成员在面对选择和决策时，能够基于团队的整体利益做出考虑，而不是个人的偏好。这种一致性减少了团队内部的摩擦和分歧，使团队能够更加专注和高效地向目标前进。为了达到这一点，团队领导者需要明确团队的长期目标和短期目标，同时鼓励团队成员参与到目标设定的过程中，增加他们对目标的认同感。

2. 资源共享

团队的协作离不开资源的共享，包括知识、信息、技能乃至物理资源的共享。建立开放和共享的团队文化，鼓励团队成员分享他们的专长和经验，可以显著提高团队的工作效率和创新能力。资源共享促进了团队成员之间的相互学习，使团队能够在解决问题时汇聚多元化的思路和方法。此外，资源共享还有助于团队成员之间建立信任，为团队的紧密合作打下基础。

3. 分工合作

在团队中，每个成员都有其独特的能力和专长。根据成员的能力和专长分配任务，可以最大化地发挥个人的潜能，同时确保团队能够高效地完成复杂的任务。良好的分工合作还包括对工作进度和成果的共同负责，这意味着团队成员需要相互协助，共同面对挑战。在分工的基础上进行紧密合作，不仅能提高团队的工作效率，还能增强团队成员之间的联系和团队的凝聚力。

总之，目标一致性、资源共享和分工合作是团队协作的三大基本原则。在这三大原则的指导下，团队可以营造一个高效、和谐且具有竞争力的工作环境，为实现最终目标奠定坚实的基础。

（二）团队协作的方法

要实现有效的团队协作，仅仅遵循协作原则是不够的，还需要采取一些具体的方法和措施。

1. 明确任务分配

明确分配任务和责任是保证团队协作有效性的基石。在任何团队项目中，每个成员都应该清楚地了解自己的角色、责任以及期望达到的结果。这种明确性不仅有助于团队成员减少重复工作和遗漏，而且还能确保团队工作的流畅进行。为了实现这一点，团队领导者或项目经理需要制订详细的任务分配计划，包括每项任务的目标、截止日期和执行人。此外，团队领导者还需要确保这一计划的透明性，使得所有团队成员都能随时查看自己的任务和进度，从而促进团队内部的自我管理和责任感。

2. 定期召开团队会议

定期召开团队会议是维护和增强团队沟通的有效手段。这些会议不仅为团队成员提供了一个讨论项目进展、解决问题、分享成功经验和调整工作计划的平台，而且还促进了团队成员之间的相互了解。为了使会议更加高效,团队领导者应事先准备会议议程,明确会议目标,并鼓励所有成员积极参与讨论。此外,会议结束时,团队领导者应总结讨论结果和宣布下一步行动计划,确保会议成果得到实际应用。有效的团队会议不仅可以解决当前的问题,还能提前预见潜在的风险,为团队的顺利运作铺平道路。

3. 跨部门协作

对于规模较大的团队或组织,跨部门协作显得尤为重要。跨部门协作能够打破信息孤岛,促进不同部门之间的资源共享和信息流通,从而提高团队解决复杂问题的能力。实现有效的跨部门协作,需要组织层面建立明确的协作机制和流程。例如,可以通过建立跨部门联络小组、定期召开跨部门协调会议或使用共享的项目管理工具来促进部门间的沟通和合作。

综上所述,通过实施明确的任务分配、定期举行团队会议和促进跨部门协作,可以显著提高团队协作的效率和成效。这些策略不仅有助于优化团队内部的工作流程,还能促进组织内部的整体协调和一致性,从而为实现组织目标提供强有力的支持。

总之,团队协作是实现团队目标的重要保障。通过遵循协作的基本原则,并采用有效的协作方法,团队可以提高工作效率,增强团队凝聚力,共同面对创业过程中的各种挑战。对于大学生创业团队而言,良好的团队协作能力不仅有助于项目的成功,还是成员个人职业发展的宝贵财富。

三、如何进行团队沟通

有效的团队沟通是实现团队协作、增强团队凝聚力和促进团队成员之间相互理解的关键。它不仅影响着团队的日常运作,也直接关系着团队目标的实现和项目的成功。为了建立高效的沟通机制,团队需要遵循一定基本原则,并采用适合自己的沟通方法。

(一)团队沟通的基本原则

在任何团队中,有效的沟通都是确保顺利协作和达成目标的关键。团队沟通直接影响着团队的整体效率、创新能力以及成员之间的关系。开放性、明确性和尊重性是实现有效沟通的三大基本原则,也是构建高效团队的基础。

1. 开放性

创建一个开放的沟通环境是鼓励团队成员自由表达自己的想法和建议的基础。在这样的环境中,每个人的声音都能被听到,每个人的想法都值得被考虑。开放性的沟通环境能够促进知识和信息的自由流动,使团队能够汇聚各方面的智慧,共同解决问题。此外,当团队成员感觉到自己的想法被认可和尊重时,也会更加愿意分享自己的知识和经验,从而增强团队的创新能力。

2.明确性

在团队沟通中,传递的信息需要清晰、明确。这不仅涉及日常的任务分配,也包括目标的设定、期望的管理和反馈的提供。明确性能够减少误解和混淆,确保每位团队成员都能准确理解工作的要求和目标。此外,明确的沟通还有助于团队成员对自己的工作和责任有一个清晰的认识,从而提高工作效率和成果的质量。

3.尊重性

在任何形式的沟通中,相互尊重都是基本的要求。尊重性的沟通意味着在交流过程中,每位团队成员的意见和感受都被重视和尊重。这样的沟通能够建立起团队成员之间的信任,减少不必要的冲突和摩擦,营造一个积极和谐的工作氛围。尊重性的沟通不仅有助于维护团队成员之间的良好关系,还能增强团队的凝聚力。

总之,开放性、明确性和尊重性是团队沟通的三大基本原则。它们对于建立有效的团队沟通机制至关重要,能够促进团队内部的理解、信任和合作。实践这些沟通原则,不仅能够提高团队成员的工作效率和创新能力,还能够增强团队的凝聚力。

(二)团队沟通的方式

在现代企业和项目管理中,沟通被视为团队协作和项目成功的关键。有效的沟通不仅能够促进信息的流动,还能增强团队成员之间的信任和协作精神。在众多沟通方式中,面对面沟通、邮件和即时通信工具、团队内部论坛各有其独特的优势和应用场景。

1.面对面沟通

面对面沟通是古老且有效的沟通方式之一。它允许团队成员通过非语言的线索,如肢体语言、面部表情和语音的强度,来理解信息的情感色彩和细微差别。这种沟通方式特别适合团队成员讨论复杂的项目问题、解决个人或团队间的冲突以及建立更紧密的工作关系。面对面沟通有助于快速澄清误解,加深团队成员之间的理解和信任,从而促进有效的协作和决策。然而,它也受到地理位置和时间的限制,尤其是在今天这个远程工作日益普及的时代。

2.邮件和即时通信工具

随着科技的进步，邮件和即时通信工具成为日常工作中不可或缺的沟通方式。这些工具的优势在于它们的便捷性和高效性，使得团队成员能够即时交流，不受地理位置的限制。即时通信工具，如企业微信、钉钉等支持文本、语音和视频消息，适合快速传递信息、进行实时讨论和远程工作。此外，即时通信工具通常还提供文件共享、任务分配和工作流程管理的功能，进一步提升了团队的协作效率。然而，过度依赖即时通信工具可能会减少团队成员之间的互动，导致信息过载或信息误解。

3.团队内部论坛

对于规模较大的团队或需要长期协作的项目，建立团队内部论坛是一种有效的信息共享和沟通方式。团队成员可以用内部论坛来分享经验、讨论问题和存储项目文档。利用团队内部论坛，成员可以轻松查看项目的历史信息、最佳实践和解决方案，从而促进知识的积累和传播。此外，论坛还可以增强团队成员之间的社区感，鼓励团队成员进行开放性和建设性的讨论。然而，维护这样的平台需要团队成员的积极参与和持续的内容更新，以保证其有效性和相关性。

总体而言，面对面沟通、邮件和即时通信工具以及团队内部论坛等沟通方式各有优势和适用场景。在实践中，团队应根据具体的工作需求和情境，灵活选择和结合使用这些沟通方式，以实现高效的信息交流和团队协作。总之，有效的团队沟通是确保项目成功的关键。通过遵循沟通的基本原则并选择合适的沟通方式，团队可以提高沟通效率，增强团队协作，从而更好地实现团队目标。对于大学生创业团队而言，培养良好的沟通习惯对团队的长期发展尤为重要。

四、如何解决团队冲突

团队冲突是团队发展过程中不可避免的一部分，合理解决冲突不仅能够促进团队成员之间的理解和协作，还可以增强团队的凝聚力和创新能力。了解冲突的类型及其解决方法对于维护团队和谐与提高团队工作效率具有重要意义。

（一）团队冲突的类型

在团队协作的过程中，冲突是不可避免的。冲突的类型有很多，从个人冲突到资源争夺,每一种冲突都有可能对团队的运作和氛围产生深远的影响。理解冲突的类型及其根源,对于制定有效的冲突解决策略至关重要。

1. 个人冲突

个人冲突是团队中最为直接且常见的冲突类型之一。这类冲突往往是由成员之间的个人差异引起的,如性格不合、价值观的冲突,或是工作态度和工作风格的差异。例如,一个注重细节的团队成员可能会与一个偏好快速行动的成员产生冲突。此外,个人情感问题也是引起个人冲突的一个常见因素。如果不及时妥善处理,个人冲突不仅会影响当事人的工作,还可能破坏团队的整体氛围,降低团队成员之间的信任度。

2. 意见分歧

团队工作的本质在于集思广益,但在共同努力达成目标的过程中,意见分歧是在所难免的。这些分歧可能涉及项目的方向、任务的执行方式、解决方案的选择等。与个人冲突不同,意见分歧往往基于工作内容,而非个人差异或个人情感。在某些情况下,适当的讨论和协调不仅可以解决这些分歧,还能促进团队找到更加创新和有效的解决方案。因此,意见分歧有时候也被视为团队发展和创新的催化剂。

3. 资源争夺

资源争夺冲突发生在团队成员在时间、资金、人力等有限资源的分配上存在不同的期望和需求时。在资源紧张的情况下,团队成员可能会为了争夺更多的支持和投入而产生竞争关系,从而导致冲突。这种类型的冲突如果处理不当,可能会导致团队成员之间的关系紧张,影响团队的整体协作和工作效率。

每种类型的团队冲突都需要采取不同的处理方法。对于个人冲突,增进团队成员之间的相互理解和尊重是关键;对于意见分歧,鼓励开放性和建设性的讨论是寻找冲突解决方案的有效途径;对于资源争夺,则需要公平合理地规划和分配资源,确保团队目标的顺利实现。

(二)解决团队冲突的方法

在团队管理过程中,冲突是不可避免的。然而,通过采取适当的策略和方法,冲突也可以转化为促进团队成长和增强团队凝聚力的机会。

1. 开放讨论

开放讨论是解决冲突的基石,适用于大多数类型的冲突。通过组织团队会议,所有相关成员都有机会在一个开放的环境中表达自己的观点和感受。这种方法鼓励每个人坦诚地分享自己的看法，同时也倾听他人的意见。开放讨论的关键在于创建一个非批判性的空间，其中成员可以自由地讨论问题，而不担心被批评或忽视。这样的环境促进了信息的透明和共享，有助于揭示冲突背后的真正原因，从而找到一个满足所有相关方利益的解决方案。此外，通过这种方式解决冲突可以增进团队成员之间的理解和信任，增强团队的凝聚力。

2.第三方调解

在某些情况下，当冲突双方难以通过直接沟通达成共识时，引入第三方调解者成为必要的解决方法。第三方调解者应该是团队外的中立人士，如人力资源管理者、专业的冲突调解顾问，甚至是外部的调解服务。这些中立的第三方可以客观评估冲突情况，无偏见地倾听双方的观点和诉求，并协助他们探索和识别共同利益，从而找到公正和可行的解决方案。第三方调解的优势在于其专业性和客观性，能够帮助冲突双方跳出原有的冲突框架，以新的视角看待问题，从而达成双赢的协议。

3.建立明确的冲突解决机制

建立明确的冲突解决机制包括制定详细的冲突解决流程和规则、指定专门的人员或小组负责处理冲突案件，以及定期评估冲突管理制度的有效性和公正性。明确的冲突解决机制不仅能够确保团队在面对冲突时迅速、有效、公正地处理问题，还能预防冲突的升级和恶化。此外，这样的机制还能够向团队成员传达一个明确的信息：组织重视每个人的意见和感受，致力于创建一个健康和谐的工作环境。

团队协作与沟通是实现团队目标的基石，它们直接影响着团队的工作效率、创新能力和解决问题的能力。良好的团队协作能够集合各成员的力量和智慧，共同克服挑战，达成目标；而有效的沟通则能确保信息在团队成员之间准确无误地传递，促进团队成员相互理解和建立信任，减少误解和冲突。这两者的结合为团队提供了强大的内在动力，使得团队能够在面对复杂和不断变化的环境时保持竞争力。

对于大学生创业团队而言，协作与沟通尤为关键。在创业的初期阶段，资源有限，团队面临的不确定性和挑战更大，此时，团队成员需要紧密合作，共同面对困难和挑战。有效的沟通能够帮助团队成员明确目标、分担责任，促进知识和资源的共享，加快决策和执行的进程，从而提高创业项目的成功率。此外，对大学生而言，团队协作与沟通不仅是实现创业目标的工具，更是宝贵的学习经历和个人成长的机会。

第四章 创业机会和创业风险

第一节 创业机会的识别

对于大学生这类初涉创业领域的创业者而言,寻找并把握商业机会是成功的第一步。创业的过程本质上是一个发现机遇的过程,要求创业者对潜在的商业机会保持高度的警觉。只有那些能够敏锐察觉、发掘并准确评估创业机会的人,才可能在激烈的市场竞争中获得成功。认识到创业机会的重要性,是创业成功的基础。在企业发展的初期,识别和把握创业机会往往比个人的才智、能力或资源更加关键。

在创业的过程中,能够发现并利用创业机会是每一位创业者都需要精通的至关重要的技能。创业机会就像是一份尚未被人发掘的珍贵财富,它的定义因人而异,不同的创业者可能会有不同的诠释和理解。为了成功地抓住这些机会,创业者必须凭借其敏锐的洞察力,在适当的时机发现那些隐藏在市场深处、尚未被人觉察的、潜力巨大的机遇,并将它们转换成实际的商业计划和行动。这一过程是识别创业机会的核心步骤。实际上,在探索创业机会的过程中,创业者还需要对可利用资源进行整合和评估,这不仅需要创业者拥有非凡的洞察能力,还要求他们能够主动发现和挖掘那些隐藏在表面之下的、客观存在的机会信息。因此,识别创业机会的过程实质上是一个需要创业者积极主动进行市场信息搜集、整理和深入分析的过程,这一过程充分展现了创业者在信息处理和市场分析方面的出色能力。

为了有效地捕捉和识别这些创业机会,创业者需要将自己置于一个持续学习和观察的状态,不断地从市场动态、消费者行为、技术进步等多个维度寻找灵感和机会。同时,创业者也需要建立和维护广泛的社交网络,通过与不同背景和领域的人士交流,获得新的视角和信息,为识别和评估创业机会提供更加丰富的资源和依据。

总之,对于创业者来说,成功地识别并利用创业机会是创业成功的关键。这不仅要求创业者具有敏锐的洞察力和强大的信息处理能力，还需要他们具备开放的心态、持续的学习能力和良好的社交网络。通过不断地学习、观察和交流，创业者可以有效地发现那些潜藏在市场之中的、宝贵的创业机会，并将它们转化为自己事业成功的基石。

一、创业机会的识别过程

创业过程始于创业者对创业机会的把握。创业者从成千上万个创意中选择了心目中的创业机会，随之持续开发这一机会，使之成为真正的创业，直至最终收获成功。在这一过程中，机会的预期价值得到反复的权衡，创业者对创业机会的战略定位也越来越明确，这一过程称为机会的识别过程。识别过程是广义的，具体可分为三个阶段：

阶段一：机会的搜寻。在这一阶段，创业者对整个经济系统中存在的创意展开搜索，如果创业者意识到某一个创意可能是潜在的商业机会，具有潜在的发展价值，就将进入下一阶段。

阶段二：机会的识别。相对整体意义上的机会识别过程，这里的机会识别应当是狭义上的识别，即从众多创意中筛选合适的机会。这一过程包括两个步骤：第一步是通过对整体的市场环境，以及一般的行业分析来判断该机会是否属于有利的商业机会，即机会的标准化识别阶段；第二步是考察该机会对特定的创业者和投资者来说是否有价值，即个性化的机会识别阶段。

阶段三：机会的评价。这里的机会评价是一个相对正式的步骤，考察的内容主要是各项财务指标、创业团队的构成等。通过对机会的评价，创业者决定是否正式组建企业、吸引投资。

二、影响创业机会识别的因素

（一）个人层面影响创业机会识别的因素

1.创业精神

创业精神，指创业者在创业过程中体验到的主观情绪和对优化配置资源创造价值的意向的强烈程度，是创业态度最直接的体现。

创业机会的识别与创业精神之间存在着一种动态的激励关系,当环境中存在的以及被识别出的创业机会越多,创业者的创业精神则越强。何良兴等人实证研究发现,积极的创业情绪对于创业者而言是极其重要的创业资源,对创业者的创业机会识别能力、创业行为等方面起着正向作用。所以,创业精神与创业机会识别之间是一种良性循环、相互促进的关系。创业机会的发现有利于增强大学生创业者的创业精神,创业精神的增强进而有助于激励大学生创业者对创业机会的挖掘。

2.先验知识

　　先验知识,也称既有知识,指创业者拥有的关于市场、行业、技术、顾客需求等方面的知识或信息。

　　先验知识是影响创业者在同一创业环境下如何决策的重要变量,大部分创业者最终所识别出的创业机会与先前积累的专业知识以及工作经验呈现显著的相关性;创业者过去在相关行业工作、创业的经历及其在各种教育培训中积累的先验知识能有效帮助他们往后的创业尝试。这些丰裕的知识禀赋让他们更能在相关领域识别到他人难以发现的创业机会。因此,大学生在特定领域的经验和知识存量越多,则其成功识别的创业机会越可能与该领域相关,并且这些经验和知识会让他们更容易发现该领域内各契机的内在联系,进而优化资源整合,实现价值创造。

3.创业警觉性

　　创业警觉性,指的是创业者在创业环境中能够从生产技术、政府政策、产品市场、竞争形势变化等方面精准识别创业机会的洞悉能力。这无疑是个人层面上影响创业机会识别最受关注的因素,大量的学者都对创业警觉性进行了广泛的研究。保持对信息的敏感性是创业者识别创业机会的首要前提,不能成功识别创业机会的失败案例往往都是由于创业者缺乏创业警觉性。创业警觉性越高的创业者识别创业机会的能力越强。

　　然而,这种能够敏锐辨别创业机会的洞察力,并非创业成功者身上所携带的天然属性,而是由创业者通过开展创业或商业活动所积累的实践知识、价值信条和机会意识交互作用而形成的,其内在架构是创业者对创业环境复杂变化中产生警觉的认知逻辑和思维范式。实际上,具备创业警觉性的创业者会形成一套专门用于识别创业机会的概念网络,从而使其对创业机会的关键特征特别敏感,引导其注意力聚焦于各项独到、特殊的事物或信息流,在模糊的情境下激活概念网络并做出精确快速的评估,完成创业机会识别。

（二）环境层面影响创业机会识别的因素

1. 社会网络

社会网络，亦被一些研究者称为社会资本，其定义由于研究者的侧重点不同而难以统一。笔者把社会网络视为某一群体中特定个体的正式与非正式关系的集合，是存在于创业环境中的社会框架，创业者以这个框架为背景展开创业活动，从中获取创业资源、商业信息等各种要素，进而识别创业机会。

影响大学生创业者社会网络的三大因素为结构、规模、强度，其中结构影响创业机会的创新程度，规模影响可供识别的创业机会的基数，强度影响创业机会的可开发程度。大学生创业是一个不断重组社会网络的过程，大学生自身社会网络的联系越强，则其获得的识别创业机会的正向促进效益越大。大学生创业者应重视结合自身所处阶段特征构建相吻合的动态社交网络。

2. 创业环境

创业环境是一个宽泛的概念，本书所指的创业环境从传统主流的观点出发，只包含创业者所处的社会经济环境与国家政府经济政策。

社会经济环境主要是指整个社会宏观的经济形势。一个整体上行的经济背景意味着一个较好的经济发展前景，人们会更趋于运用手中的各项资源进行投资。在这一角度上大学生在创业融资、调动资源方面将受到创业机会资源丰盈的红利，更容易获得支撑创业的资源。同时，卸下资源要素压力的创业者在识别创业机会的过程中会更容易产生大胆的想法，从而打破常规，创新要素间的有机联系。

国家政府经济政策主要是指国家意志对社会经济关系在方方面面的约束和指示，其往往是社会经济发展的风向标。一些扶持创业、提供创业优惠的政策本身就是在为创业者指明创业方向，提供创业平台，如环保导向的政策催生出新能源汽车、共享单车等新产业；科技创新导向的政策促进了智能家居、物联网等新产业的发展；扶贫导向的政策推动了普惠金融、直播助农等新型创业模式。同理，国家政府经济政策中的优惠条款所带来的行政便利和生产补贴也将对大学生创业方向产生影响，引导其识别相关领域内的创业机会。

第二节　创业机会的选择和评价

一、大学生选择创业机会的基本原则

在选择创业机会时，大学生创业者应当遵循以下五个原则：

（一）知己知彼原则

这一原则要求创业者既要深刻了解自己的优势和劣势，包括知识储备、经验、性格、兴趣和可利用资源，也要对外部市场和社会发展趋势有准确的判断。创业者需要找到个人能力与社会需求的交集，以此作为创业的切入点。这意味着在选择创业机会时，创业者要进行充分的调查和论证，确保对市场和自身都有深入的了解。

（二）强化专有特色原则

创业机会的特色是其生命力的关键所在，是企业在市场中站稳脚跟的基础。特色不仅仅是与众不同，更是在满足市场需求的基础上，具备独特的品质和效用。这种特色能够吸引消费者、影响市场行为，并成为企业在竞争中的优势。因此，创业者应当致力于打造具有专有特色的项目。

（三）自有资源优先原则

创业者应当优先考虑利用自己拥有或可直接控制的资源，如物质资产、社会关系、专有技术、行业经验和经营管理能力等。这些资源通常成本较低，易于获取，并且在项目实施过程中能够帮助创业者实现创新，从而在市场竞争中占据有利地位。

（四）项目合法化原则

创业者必须确保所选项目符合国家法律法规，尤其是在国家有明确准入限制的行业和领域。对于民用商品领域，虽然准入门槛相对较低，但创业者仍需遵守法律，确保合法经营。违反法律法规的创业机会注定会失败。

（五）短平快原则

大学生创业者通常面临资金和资源短缺的问题，他们应优先考虑那些能够快速启动、迅速回本的项目。这样的项目可以帮助创业者尽快度过创业初期的危险期，进入良性循环。即便项目长期成长性不佳，创业者也可以选择维持现状或适时退出，利用早期积累的资金和经验寻找新的机会。

总之，大学生创业者在选择创业机会时，应当综合考虑自身条件、市场需求、法律法规以及项目的可行性，以确保创业的成功。通过遵循这些原则，创业者可以提高创业成功率，实现个人价值和为社会做出贡献。

二、构建创业机会评价指标体系的原则

构建一个创业机会评价指标体系是一个复杂且系统化的任务，它涉及对众多因素的深入考量和综合分析。在实际的评价过程中，确定每个因素的重要程度是一项颇具挑战性的工作。因此，在设计创业机会评价指标体系时，应当在确保创业机会评价指标体系能够准确反映项目特性的同时，遵循一些设计原则。这样的设计旨在提高创业机会评价指标体系在实际应用中的操作性和实用性。

（一）系统性原则

在评估创业机会时，要全面而系统地分析众多关键因素，这些因素相互关联、相互作用，共同影响着项目的成败。采用系统论的方法来看待项目评价，意味着将项目视为一个多要素相互作用的有机整体，其中各个组成部分不是孤立存在的，而是紧密相连的。因此，建立一个有效的评价指标体系，必须考虑到各个因素之间的内在联系和平衡，确保评价结果的全面性和准确性。

在这个过程中，评价指标体系应当包含以下几个因素：

（1）市场因素：包括市场需求、目标客户群体、竞争对手分析等，这些因素直接影响项目的市场前景和盈利能力。

（2）技术因素：涉及项目的技术创新程度、技术成熟度、技术壁垒等，技术因素是项目核心竞争力的重要组成部分。

（3）团队因素：包括团队成员的背景、经验、能力、团队协作情况等，团队的实力和

能力对于项目的成功至关重要。

（4）财务因素：涉及项目的资金需求、资金使用效率、成本控制、预期收益等，财务状况是项目可持续发展的基础。

（5）风险因素：包括市场风险、技术风险、管理风险、法律风险等，对风险的认识和管理是项目成功的关键。

（6）社会因素：包括项目对社会的影响、社会责任、社会接受度等，这些因素有时会对项目的长远发展产生重大影响。

（7）环境因素：涉及项目对环境的潜在影响，包括环境影响、可持续性等，环境因素在现代社会越来越受到重视。

在构建评价指标体系时，需要确保这些因素得到综合和平衡的考虑，以便更全面地评估项目的潜力和风险。通过这样的系统化评价，创业者可以更准确地把握项目的发展方向，制定出更有效的战略和决策。

（二）科学性原则

评价指标体系的科学性是保证评价结果准确、合理的关键，主要通过以下几个方面来体现：

（1）指标的相关性：评价指标必须能够准确反映评估对象的关键特征和本质属性。这意味着指标应当与项目的成功与否密切相关，能够揭示项目的主要优势和潜在风险。

（2）指标的正确性：指标的概念必须是正确的，其含义应当清晰准确，避免歧义。评价指标的定义应当严格，确保所有人在使用时都能理解其背后的意图和标准。

（3）指标的层次性、合理性：指标应当具有清晰的层次结构，各个层次之间逻辑严密，相互支撑。指标的构建应当合理，能够系统地涵盖项目的各个方面，而不是零散或重复的评价。

（4）指标体系的独立性和全面性：指标体系中的各个指标应当相互独立，避免指标之间的重叠或相互依赖，这样可以减少评价过程中的偏差。同时，指标体系应当全面，覆盖项目所有重要的方面，确保评价结果的全面性。

（5）评价方法的科学性：评价指标体系所采用的方法和技术应当是科学可靠的，能够客观地反映项目的实际情况，而不是基于主观判断或偏见。

（6）数据来源的可靠性：评价过程中所使用的数据和信息来源应当是可靠和权威的，确保评价结果基于准确和最新的信息。

（三）简单实用原则

在理论上，设计一个理想的创业机会评价指标体系是可行的，但在实际操作中，必须考虑指标体系的应用性和实用性。

（1）计算量的考虑：评价指标体系的设计需要考虑计算量的大小。过于复杂的指标体系可能导致计算量过大，这不仅增加了时间成本，也可能因为计算难度过高而影响指标体系的实际应用。

（2）数据采集的可行性：指标体系所需的数据应当是容易采集的。如果数据获取困难或成本高昂，那么指标体系在实际操作中就难以实施。因此，设计指标体系时应当尽量选择那些数据容易获取的指标。

（3）指标量化的难度：评价指标体系中的指标应当是可量化的，即能够通过具体的数值来衡量。如果指标难以量化，那么评价结果可能会受到主观判断的影响，从而降低指标体系的科学性和可靠性。

（4）指标体系的操作性：评价指标体系应当是容易操作的，即指标体系的用户界面友好，操作流程简单明了。这样，即使是没有专业知识的人员也能够理解和运用模型进行项目评价。

（5）人为因素的影响：设计评价指标体系时，应当尽量减少人为因素的影响。这可以通过建立标准化的评价流程、使用客观的数据和算法来实现。

（6）指标的实用性和相关性：评价指标应当是实用的，与项目的实际表现和成功与否紧密相关。同时，指标之间应当相互独立，避免因为指标间的相关性导致评价结果失真。

通过充分考虑这些因素，评价指标体系的设计不仅能够更加符合实际需求，而且能够提高可用性和操作性，从而确保评价结果的准确性和可靠性。这样的评价指标体系才能真正为大学生创业者提供有价值的决策支持。

（四）关键因素原则

在构建创业机会评价指标体系时，应当在全面性的基础上，优先选择那些具有足够代表性的综合指标和专业指标。这样的指标能够更加准确、简洁地揭示项目的核心特征和关键属性。

综合指标是指那些能够综合反映项目多个方面特性的指标，如项目的市场潜力、盈利能力、成长性等。这些指标通常需要通过多个数据点的综合分析来得出，它们能够为创业者提供项目整体表现的概览。

专业指标则是指那些针对项目特定方面的评价指标，如技术创新程度、产品独特性、团队专业能力等。这些指标能够更加深入地挖掘项目的特定优势或潜在风险，为创业者提供更为详细的分析。

选择这些指标的原因在于：

（1）代表性：综合指标和专业指标能够代表项目的关键特征，帮助创业者快速把握项目的核心价值和发展潜力。

（2）准确性：这些指标通常基于客观数据和科学算法，能够提供更为准确的评价结果，减少主观判断带来的偏差。

（3）简洁性：通过综合指标和专业指标，创业者可以不必陷入复杂的数据分析，而是通过几个关键指标来简洁地表述项目的特征。

（4）可比性：这些指标便于在不同项目之间进行比较，帮助创业者快速做出项目选择和优先级排序。

（5）实用性：综合指标和专业指标更易于在实际操作中使用，创业者可以根据这些指标来制定具体的战略和行动计划。

因此，在构建评价指标体系时，创业者应当精心挑选那些能够准确、简洁地表述项目特征的指标，以便更好地理解项目、评估风险和机遇，并做出明智的决策。

（五）周期性原则

由于创业机会通常呈现明显的周期性特征，不同的发展阶段会面临不同的风险和挑战。因此，指标体系应当具备周期性，以确保指标设计能够紧密贴合项目在不同阶段的实际情况。

这种周期性的指标体系有助于：

（1）阶段性的风险识别：在不同的发展阶段，项目可能会面临不同的风险。周期性的指标体系可以帮助创业者识别和评估各个阶段特有的风险，从而采取相应的风险管理措施。

（2）发展的适应性：随着项目从初创到成长再到成熟，其需求和挑战会不断变化。周期性的指标体系可以适应这些变化，为创业者提供持续有效的决策支持。

（3）持续性的监控和评估：项目的成功不仅取决于初始的投资决策，还需要持续的监控和评估。周期性的指标体系使得创业者能够定期检查项目的表现，及时调整经营策略。

（4）资源的有效配置：在项目的不同阶段，资源的需求和配置会有所不同。周期性的指标体系可以帮助创业者更好地规划和管理资源，确保在关键时期有足够的支持。

（5）目标的动态调整：随着项目的发展和市场环境的变化，最初设定的目标可能需要调整。周期性的指标体系可以帮助创业者动态地评估和调整项目目标，以适应新的情况。

因此，指标体系应当能够反映项目从初创到成熟各个阶段的特征，这样的指标体系才能真正贴近项目的实际需求，为创业者提供有价值的指导和帮助。

第三节 创业活动的风险

在当今经济环境下，创业已成为越来越多大学生追求独立和实现自我价值的一种方式。创业不仅能够为社会带来新的产品和服务，促进经济发展，而且对于大学生个人而言，它还提供了一个展示创新能力的平台，激发了他们的创造性。然而，创业之路并非一帆风顺的。从资金筹集到市场定位，再到日常运营管理，创业者需要面对各种各样的挑战和风险。这些风险不仅可能威胁到企业的生存和发展，也可能对创业者个人产生重大影响。因此，对于那些准备踏上创业征程的大学生来说，理解和学习如何评估、管理创业风险是至关重要的。

一、财务风险

财务风险是指由于各种难以预料或控制的因素影响而导致企业蒙受经济损失的可能性。

（一）初始资金筹集的困难

初始资金的筹集常常成为许多有志于创业的大学生面临的第一个障碍。由于缺乏足够的个人储蓄和稳定的收入，他们往往需要依赖外部投资者的支持，如天使投资者或风险投资。然而，由于缺乏实战经验和成熟的商业模式，大学生创业者很难说服投资者对他们的初创企业进行投资，这导致了其资金筹集的困难。

此外，财务管理的复杂性也为大学生创业者带来了额外的挑战。许多大学生缺乏必要的财务知识和管理经验,这可能导致资金使用效率低下,甚至引发企业财务危机。例如,错误的预算规划、不合理的资金分配以及对现金流管理的忽视都可能使初创企业面临财务困境。此外,大学生创业者在定价策略、成本控制和财务规划方面的不成熟,也可能影响企业的盈利能力和长期生存。

(二)现金流管理问题

即使成功筹集到初始资金,现金流的管理也是一个棘手的问题。现金流管理不仅涉及日常运营资金的调配,还包括应对突发事件的财务准备。对于刚起步的创业企业而言,如何平衡有限的资金,在确保企业日常运营的同时,还能应对未来的不确定性,是一大考验。不稳定的现金流可能导致企业运营中断,甚至倒闭。

有效的现金流管理要求创业者不仅要精确预测收入和支出,还要有能力在必要时快速调整财务策略。这意味着企业需要对其业务模式有深入的了解,包括收入的周期性、支出的弹性以及资金需求的长短期变化。例如,建立紧密而灵活的供应链关系,可以降低存货成本和增强应对市场需求变化的能力,从而提高现金流的稳定性。

首先,创业企业应该建立紧急资金,以应对突如其来的财务危机,包括但不限于市场需求突然下降、供应链中断、重要设备故障或法律诉讼等情况。拥有一定规模的紧急资金,可以使企业在面临这些挑战时,有足够的缓冲期来调整策略,避免财务压力直接影响日常运营。

其次,企业还可以考虑使用多样化的融资方式来增强其财务稳定性和灵活性。这不仅包括传统的银行贷款和投资者融资,还包括债权融资、租赁融资和政府补助等。通过多元化的融资渠道,企业可以根据不同的财务需求和市场条件,选择最合适的融资方式,从而减轻对单一融资来源的依赖,降低财务风险。

最后,企业应定期进行财务分析和预测,监控现金流的变化,及时发现潜在的财务问题。这不仅需要创业者具备一定的财务知识和分析能力,也需要建立有效的财务管理系统和流程。通过定期的财务审查和调整,企业可以确保其现金流的稳定性,有效应对各种财务挑战,从而保障企业的长期发展。

(三)投资回报的不确定性

大学生创业者可能对自己的创意和商业模式怀有极大的热情和信心,梦想着改变世界或至少是他们所处的市场领域。然而,创业的道路充满了未知和变数。市场对新产品或服务的接受程度是一个巨大的未知数,它受到市场趋势、消费者偏好、社会经济环境的影响。此外,消费者的需求是多变且复杂的,创业项目能否满足或激发这些需求,往往直到产品推向市场后才能得到验证。

竞争对手的策略和行动也会对创业项目的成功造成重大影响。新兴企业可能会发现自己处于一个充满竞争的环境中,不仅要与同领域的其他创业公司竞争,有时还需要与那些资金雄厚、根深蒂固的大公司竞争。这些竞争对手可能会通过降低价格、增加产品特性或加大营销力度来争夺市场份额,给初创企业带来极大的压力。

所有这些因素加在一起,都使得投资回报成为一个高度不确定的因素。这种不确定性不仅让创业者在财务规划和个人生活安排上感到压力,还可能影响潜在投资者的信心。如果投资者认为一个项目的风险超过了潜在的回报,他们可能会选择不投资,或者要求更高的回报来补偿这种风险,这进一步增加了创业项目的融资成本和压力。

然而,这种不确定性中也潜藏着商机。通过深入市场调研、精心设计业务模式、灵活调整战略,并建立一个强大的团队,大学生创业者可以增加他们成功的概率,从而实现投资回报。尽管投资回报的不确定性是任何创业活动不可避免的一部分,但通过精心的规划和管理,大学生创业者仍然可以为自己赢得成功的机会。

二、市场风险

市场是大学生创业的容器和大环境。创业环境复杂多元、瞬息万变。从宏观来看,创业涉及社会、自然、政治、经济、人文等各种因素;正所谓"天时地利人和"缺一不可。这些因素中同时包含着影响创业项目选择和结果的众多变量和要素,其相互作用并发生变化,难以全面且准确把握。从微观来看,企业创建和运营的市场环境和行业因素在时间轴上呈现发展性和变化性,具有动态性特点,供求关系在市场规律作用下随时发生变化。身在象牙塔中学习和生活的大学生,没有经历过社会的大风大浪和市场变化,对市场和客户需求存在片面、模糊的认识,对竞争对手缺乏翔实的调研和真实了解,往往处在盲目自信的虚构中,在创业过程中具有极大风险性。

(一)产品或服务的市场需求不确定性

市场需求不确定性是许多初创企业面临的首要挑战。这种不确定性源自消费者偏好的多变性、经济条件的波动以及技术进步的快速变化。在这样的环境中，企业在推出新产品或服务时，往往难以准确预测目标市场的接受程度。这不仅增加了市场进入的风险，也使得企业在资源配置和战略规划方面面临不确定性。

为了降低市场需求不确定性带来的风险，企业需要采取一系列积极的措施。

第一，进行深入的市场研究至关重要，不仅包括对目标市场的细分和消费者行为的分析，还包括对竞争环境和行业趋势的评估。通过这些研究，企业可以更准确地识别潜在客户的需求和偏好。

第二，持续的市场测试是另一个关键策略。通过在实际市场环境中测试产品或服务，企业可以收集直接的消费者反馈，评估市场接受程度，并识别可能的改进方向。这些测试不仅可以是小规模的试点项目，也可以是针对特定用户群体的有限时间内的推广。通过这种方式，企业可以在正式大规模推广前，减少不确定性和潜在的市场风险。

第三，产品的持续迭代和调整也是应对市场需求不确定性的有效手段。随着市场条件的变化和消费者需求的演进，初创企业需要保持产品和服务的灵活性，快速响应市场的变化。这意味着企业需要对产品特性进行调整、增加新的服务功能或改变营销策略。企业应具备快速迭代的能力，使产品和服务始终能够满足市场的当前需求。

第四，建立强大的顾客关系管理系统也是缓解市场需求不确定性的重要策略之一。通过与顾客建立长期的关系，企业可以更深入地了解顾客的需求和期望，及时调整产品和服务以更好地满足这些需求。此外，忠实的顾客群体也可以帮助企业在不确定的市场环境中稳定和扩大其市场份额。

综上所述，面对市场需求的不确定性，企业需要采取一系列综合措施，包括进行深入的市场研究、执行持续的市场测试、保持产品和服务的灵活迭代以及建立强大的顾客关系。通过这些策略，企业可以更好地理解和预测市场需求，降低风险，从而在竞争激烈的市场环境中取得成功。

（二）竞争对手的挑战

在任何市场中，无论是新兴的还是成熟的，竞争对手的存在都可能对企业构成威胁，尤其是对于那些刚刚起步的初创企业。这些企业面临的挑战更为严峻，因为他们必须在一个已被众多参与者占据的领域中寻找自己的立足点。竞争对手，特别是那些已经在市场上确立了坚实地位的公司，可能会采取各种策略来维持或扩大他们的市场份额。这些策略包括降低价格，以牺牲利润为代价吸引更多消费者；提高产品或服务的质量，从而满足甚至超过消费者的期望；通过创新的服务方式来提供更加个性化、便捷的消费体验。

此外，大型企业和已经确立市场地位的公司通常拥有更多的资源和资本，并将其投入到新产品的研发、广泛的营销活动或更高水平的客户服务中。这些资源和资本的优势使得他们能够快速响应市场变化，甚至有能力通过定价策略或营销手段影响市场的整体走向，从而在竞争中占据有利地位。

鉴于这些挑战，初创企业需要找到自己独特的市场定位，确保他们提供的产品或服务在某些关键方面具有明显的竞争优势。这意味着初创企业需要在产品或服务的功能、质量或价格上进行创新，或是通过提供独特的用户体验来区分自己。例如，一个初创企业开发了一个独特的应用程序，该应用程序解决了市场上尚未被充分满足的特定需求，或者提供了比竞争对手更优质的客户服务，从而建立品牌忠诚度和口碑。

成功的初创企业通常能够清晰地识别并传达自己的价值主张，明确告诉目标客户他们提供的不仅仅是一个产品或服务，而是一个解决方案，一个能够满足客户特定需求或解决特定问题的方案。通过这种方式，即便面临激烈的市场竞争，初创企业也能找到自己的生存空间，并逐渐建立起自己的市场地位。此外，创新能力也是初创企业的重要资产，使它们能够快速适应市场变化，持续改进和优化自己的产品和服务，最终在竞争激烈的市场中脱颖而出。

三、技术风险

（一）技术迭代的速度快

技术迭代的速度快是当今世界的一个显著特点，尤其在信息技术、生物技术、新材料和能源技术等领域更为明显。这种快速的技术变革为企业带来了巨大的机遇，同时也伴随着显著的风险。一方面，技术的快速迭代可以促进产品和服务的创新，帮助企业保持竞争优势；另一方面，它也要求企业不断投资研发和技术更新，以避免产品或服务变得过时。企业必须具备快速适应市场和技术变化的能力，这不仅涉及资金投入，还包括团队技能的持续更新和业务模式的灵活调整。

在技术快速迭代的背景下，创新不再是选择，而是企业生存的必要条件。企业必须在技术发展的最前沿保持敏捷性，以便快速识别并利用新技术带来的机会。这意味着，除了传统的研发外，企业还需探索开放创新的途径，如与科研机构合作、参与行业联盟或建立创新生态系统，以共同推进技术进步。

同时，企业面临的挑战不仅仅是技术本身的更新。随着技术的迭代，市场的需求和消费者的期望也在不断变化。因此，企业不仅要关注技术的发展，也要密切关注市场的动态，以确保其产品和服务能够满足消费者的当前需求和未来需求。这要求企业在产品设计、市场定位和用户体验上不断创新，以应对市场的变化。

此外，技术的快速迭代对企业内部的组织结构和人才战略也提出了新的要求。企业需要建立一种文化，鼓励创新、容忍失败，并迅速从失败中学习。这种文化的建立离不开领导层的支持和榜样作用。同时，企业还需致力于员工的持续教育和技能发展，确保团队能够适应技术的最新发展，这可能涉及重新培训现有员工或吸引具备新技能的人才。

随着技术的不断进步，企业还需要灵活调整其业务模式，以适应新的市场现实。这意味着企业需要从产品销售转向服务提供，或是从一次性交易转向基于订阅的收入模型。无论哪种情况，企业都需要在保持其核心价值主张的同时，不断探索和实验，以找到最有效的商业模式。

（二）技术实施的可行性问题

技术风险是现代企业在追求创新和持续发展过程中必须面对的一个重要方面，特别是在技术迭代速度日益加快的当今社会。除了必须跟上技术发展的步伐外，技术实施的可行性问题也同样关键。当企业考虑引入或开发新技术以提高效率、降低成本或创造新的市场机会时，它们可能会面临一系列的挑战。这些挑战不仅涉及技术本身的选择和应用，还包括技术与企业现有系统的兼容性问题，企业可能需要对现有的硬件或软件进行大规模改造，从而增加实施成本。

此外，新技术的实施常常伴随着员工培训需求的增加。员工需要掌握新技术的知识和技能，才能确保新技术的有效运用。这不仅增加了培训成本，还可能导致短期内的生产效率下降。在技术转换期间，企业还存在着潜在的运营中断风险，这可能会暂时影响企业的服务质量或产品供应，从而损害客户关系和市场地位。

更重要的是，如果技术实施失败，不仅会造成直接的财务损失，还可能损害企业的声誉，影响客户对企业的信任和忠诚度。在某些情况下，失败的技术项目甚至可能导致企业长期战略目标的偏离，对企业的未来发展造成不利影响。

鉴于这些潜在的风险和挑战，企业在决定实施新技术之前，必须进行全面的可行性分析。这包括技术评估，即对新技术的功能、性能和与现有系统的兼容性进行详细分析；成本效益分析，评估技术实施的直接和间接成本，与预期收益进行比较；风险评估，识别和评估实施过程中可能遇到的所有潜在风险。通过这样的全面评估，企业可以制定更加科学、合理的技术实施方案，最大限度地减少风险，确保技术投资的成功，从而为企业带来长期的利益和竞争优势。

为了有效应对技术风险，企业需要建立一个系统的技术管理和监控框架，包括持续的技术趋势监测、技术风险评估机制以及灵活的技术更新策略。同时，企业还应加强内部技术能力的建设，包括人才培养、技术研发和技术合作，以提高其对技术变化的适应能力和创新能力。

综上所述，技术风险是影响企业长期发展的关键因素。通过对技术迭代的速度和技术实施的可行性问题的深入理解，企业可以更有效地规避风险，把握技术发展的机遇，实现可持续发展。

四、运营风险

运营风险对于创业企业来说是一个绕不开的话题，尤其是对于那些还在学校里的大学生创业者而言。这类风险直接影响企业的日常运作和长期发展，涵盖了从团队管理到供应链和物流等多个方面。

（一）团队管理和执行力的挑战

一个高效、协调的团队是创业成功的基石。然而，对于大学生创业者来说，团队成员往往缺乏工作经验，而且团队建设和管理能力也相对有限。这可能导致团队决策失误、项目延误，甚至引发内部冲突。此外，随着企业的发展，如何持续吸引和保留人才，以及如何建立和维护一套高效的团队执行和沟通机制，都是创业者需要面对的重要课题。

在这个过程中，建立一个有凝聚力和创造力的团队至关重要。这不仅要求创业者具备良好的领导能力，还需要他们能够识别和吸引具有相同愿景和价值观的人才。在团队管理上，明确的角色分配和责任归属是基础，有效的沟通和协作机制是保障。大学生创业者需要学习如何通过建立明确的目标、制订合理的工作计划以及提供定期的反馈和激励措施，来提高团队的执行力和工作效率。

此外，创业团队的持续发展和人才保留是一个长期的挑战。随着企业的成长，团队成员的个人职业规划、期望和公司的发展方向可能出现不一致。因此，创造一个支持个人成长、鼓励个人创新等多样性的工作环境是非常重要的。创业者需要不断地与团队成员沟通企业的长期愿景，同时也关注他们的职业发展和满意度，以确保团队的稳定和忠诚。

为了维护高效的团队执行和沟通机制，采用现代化的工具和方法是非常有帮助的。例如，使用项目管理软件来跟踪任务的进度、使用即时通信工具来促进日常沟通，以及定期组织团队建设活动来加强团队成员之间的联系。同时，创业者也需要不断学习和引入新的管理理念和技术，以适应不断变化的工作环境和团队需求。

面对创业过程中不可避免的挑战和冲突，构建一个开放和包容的团队文化至关重要。鼓励团队成员表达意见、积极解决问题，并从失败中学习和成长，可以极大地提高团队的凝聚力和创新能力。通过这些努力，大学生创业者不仅能够建立一个高效的团队，还能为企业的成功打下坚实的基础。

（二）供应链和物流的不稳定性

供应链和物流的不稳定性也是一个不容忽视的运营风险。对于任何一个企业来说，稳定高效的供应链是确保产品顺利生产和配送的关键。然而，初创企业往往难以控制供应链中的每一个环节。从原材料的采购到产品的最终交付，任何一个环节的失误都可能导致生产停滞、成本上升，甚至失去客户的信任。此外，全球化经营环境下的政治、经济波动也可能影响到供应链的稳定性，如关税政策的变动、国际物流的延迟等，这些都需要创业者有前瞻性地规划和应对。

在这个背景下，建立一个灵活且可靠的供应链体系变得尤为重要。初创企业需要开发和维护与供应商的良好关系，通过谈判，确保供应的连续性和成本的可控性。同时，多元化供应商策略可以降低对单一供应商的依赖，减轻因供应商出现问题而对整个生产链造成的影响。此外，对于那些在全球范围内寻求原材料和销售市场的创业项目，理解和适应国际贸易的法律法规，以及及时调整策略以应对外部环境的变化，是保障供应链稳定的关键。

有效的物流管理对于保证产品及时交付同样至关重要。利用技术工具，如物流管理软件，可以帮助创业者优化配送路线、跟踪货物流动、减少物流成本并提高配送效率。同时，建立应急物流方案，如备选物流公司和临时仓储，可以在面临突发情况时快速响应，保证产品能够按时交付。

此外，初创企业还需要关注供应链的可持续性问题。随着消费者和法律法规对企业社会责任和环保要求的不断提高，建立一个环保且社会责任感强的供应链，不仅有助于企业形象的提升，也是企业长期发展的需要。这包括选择环保材料、优化生产过程以减少浪费以及选择符合社会责任标准的供应商等。

对于大学生创业者而言，充分利用学校资源，如通过参与学校的创业支持项目来获取供应链管理和物流方面的指导和帮助，也是降低运营风险的一种有效方式。通过这些策略，创业者不仅能够应对供应链和物流的不稳定性，还能在复杂多变的市场环境中保持竞争力。

五、法律风险

法律风险是创业过程中不可忽视的重要一环。在创业的不同阶段，企业都需要遵守相应的法律法规，任何的疏忽或无知都可能导致严重的后果。

（一）法律法规变动的影响

法律法规的变动对企业运营具有重要影响，特别是对那些正处于起步阶段的大学生创业者而言。在一个不断发展变化的社会中，为了适应新的社会需求、技术进步或国际情势的变化，政府和企业监管机构可能会不时地修订现有法律法规的条文或颁布新的法律法规。这些变化可能覆盖多个方面，包括但不限于税法、环境保护法、劳动法等。对于企业而言，这些变化可能意味着他们需要调整产品设计、改变服务提供方式或重新规划盈利模式，以确保符合法律法规的要求。

大学生创业者初次涉足商业领域，缺乏处理复杂法律问题的经验。此外，作为初创企业，他们可能没有足够的资源和资金来聘请法律顾问，或是建立一个专门的法律团队来实时关注法律法规的最新动态。这使得他们难以及时了解并适应这些变化，进而可能因为违反新的法律法规而造成严重的后果。

未能及时适应法律法规的变化，可能会使企业面临罚款和诉讼，这对于任何企业来说都是巨大的负担。在某些情况下，这样的法律问题甚至可能导致企业被迫停工停产。这不仅会导致直接的财务损失，还可能对企业的品牌和声誉造成长期的负面影响。顾客和投资者对企业的信任可能会因此受损，从而影响企业的市场地位和未来发展。

鉴于此，大学生创业者可能需要投入时间和资源来学习相关的法律知识，或是寻求外部法律顾问的帮助。同时，他们还需要培养前瞻性思维，将合法性、合规性视为企业运营的一个核心部分，而不是被动地应对。

（二）知识产权的保护问题

在知识经济时代，创新和创意成为企业竞争的关键。对于大学生创业者而言，他们的创业项目往往基于独特的创意或技术。如何有效保护这些知识产权，避免被竞争对手侵犯或抄袭，是创业成功的关键。然而，知识产权的申请和保护涉及复杂的法律程序和昂贵的费用，对于资源有限的大学生创业者来说，这无疑增加了额外的负担。此外，对知识产权法律的不了解也可能导致创业者在无意中侵犯他人的知识产权，从而面临法律诉讼的风险。

第一，大学生创业者需要对知识产权法律有一个基本的了解，包括版权、专利、商标等不同类型的知识产权保护方式。通过参加相关的培训课程或咨询专业的法律顾问，创业者可以获得必要的知识和信息，以确保他们的创意和技术得到保护。

第二，及时申请知识产权保护是防止侵权的有效手段。尽管这一过程可能既复杂又耗时，但它为创业项目提供了法律保障，减少了未来潜在的法律风险。大学生创业者可以考虑利用政府提供的支持和补贴，或是寻求大学内部的资源帮助，降低知识产权申请的成本和复杂度。

第三，在团队内部加强知识产权文化建设。这不仅包括保护自身的创新成果，也意味着尊重他人的知识产权，避免因无意的侵权行为而引发法律争端。创业者应当在团队内部强调知识产权的重要性，确保团队成员在开发新产品或服务时能够避免侵犯他人权益。

第四，面对知识产权的潜在争议，创业者需要准备好相应的应对策略，包括与专业的法律顾问合作，了解在遇到侵权行为时如何采取法律行动，以及如何应对他人的侵权指控。通过制订明确的知识产权保护策略和应急计划，大学生创业者可以更好地保护自己的创新成果，降低法律风险，为企业的长期发展打下坚实的基础。

第五章 创新创业项目策划

第一节 市场调研与分析

在当今竞争激烈的商业环境中,市场调研与分析显得尤为重要,特别是对于正处于起步阶段的大学生创新创业项目。市场调研与分析不仅可以帮助创业者深入了解目标市场,还能够为产品开发、市场定位以及营销策略的制定提供科学依据。它涉及收集、分析有关市场、竞争对手以及消费者行为的数据和信息,以确保创业决策的正确性和有效性。

对于大学生创业者而言,市场调研的作用尤为突出。在创业初期,大学生的资源通常有限,且缺乏实际经验,这使得准确把握市场动态和消费者需求成为一大挑战。通过有效的市场调研,创业者能够识别和验证商业想法的可行性、理解目标客户的具体需求,以及评估市场上现有的竞争格局。这些信息不仅有助于创业者降低创业风险,也能够增加创业项目成功的可能性。

更具体来说,市场调研能够帮助大学生创业者确定具有潜力的市场细分,从而使他们能够聚焦资源,设计出更符合目标市场需求的产品或服务。同时,通过分析竞争对手的策略和弱点,创业者可以找到差异化的定位,形成独特的竞争优势。此外,市场调研还能够揭示行业趋势和未来发展方向,为创业者的长期战略规划提供指导。

一、市场调研的基本步骤

在探索项目定位的过程中,市场调研是一个不可或缺的环节。它可以帮助创业者了解市场需求、识别目标客户、评估竞争环境,从而确保项目能够精准定位,满足市场的实际需求。

（一）明确调研目的

市场调研的第一步，即明确调研目的，是整个调研流程中最为关键的一环。这一步骤的重要性不容忽视，因为它直接决定了后续所有工作的方向和质量。对于初创企业和创业者来说，深入理解市场是成功的关键，而这一切都始于对调研目的的明确。

首先，创业者需要深思熟虑地定义调研的具体目的。这些目的可能多种多样，从了解消费者的基本需求和偏好，到评估潜在的市场规模，或者是深入分析竞争对手的策略和优势。例如，如果一个创业项目旨在推出一款新的健康食品，那么其市场调研的目的可能包括了解目标消费者对健康食品的态度、偏好以及他们愿意为此支付的价格区间。

其次，在明确了调研的具体目的后，创业者还需要细化调研的范围，这一步骤有助于调研工作的高效进行。调研范围的确定涉及选择特定的市场细分或目标客户群体，而这一选择应基于项目的性质和目标市场的特点。例如，针对年轻健身爱好者的产品，其市场调研就应专注于这一特定群体的需求和行为模式。

最后，确定需要解答的关键问题也至关重要。这些问题应当直接关联调研目的，且能够为项目的进一步发展提供具体的指导。问题的设置应涵盖从产品设计到营销策略的各个方面，如"消费者最关心的健康食品属性是什么""竞争对手的产品定价策略如何影响市场预期"。

综上所述，市场调研的第一步——明确调研目的，不仅是一个启动过程，更是确保调研有效性和实用性的关键。通过深入分析和精确定位，创业者可以确保他们的市场调研工作能够为项目的成功奠定坚实的基础，从而在竞争激烈的市场中占据有利地位。这一阶段的工作需要创业者具有前瞻性思维和细致入微的分析能力，以确保调研目的的明确性。

（二）设计调研计划

在进行市场调研时，设计一个有效的调研计划是至关重要的一步。这个计划的核心在于选择最符合项目需求的调研方法。市场调研方法主要分为两大类：定性研究和定量研究。每种方法都有其独特的优势和应用场景，理解它们的关键特点能够帮助创业者更好地捕捉市场信息。

定性研究的重点在于探索消费者的深层次感受、态度和行为背后的动机。通过使用深度访谈、焦点小组讨论、观察法等手段，研究者能够获得丰富、多维的信息，揭示消费者的真实想法和需求。例如，在深度访谈中，研究者可以通过开放式问题引导受访者自由表达,进而深入探讨其对特定产品或服务的看法;焦点小组讨论则利用小组互动的优势,激发更多的想法和观点,有助于发现问题的多种视角。这类研究虽然难以量化,但对于理解消费者的深层需求和偏好,探索新的市场机会极其有价值。

与定性研究相对的是定量研究,其目的是通过收集可量化的数据来验证假设,进行统计分析。这类研究通常采用问卷调查、在线调查等方法,能够快速有效地从大量受众中收集数据。问卷设计是这一过程中的关键环节,好的问卷设计不仅需要包含能够精确收集所需信息的问题,还要考虑问题的逻辑顺序、易理解性以及激励受访者完成调查的策略。通过定量研究,企业可以获得关于市场趋势、消费者偏好、产品使用频率等方面的具体数据,这些数据对于评估市场规模、制定市场策略具有重要意义。

确定了调研方法之后,设计有效的调研工具成为下一步的重点。无论是定性研究的访谈还是定量研究的问卷,都应确保能够覆盖所有关键议题,并且能够激发受访者提供深入、真实的反馈。访谈需要确保问题既有开放性,又能针对研究目的进行深入探讨。问卷设计则应注意问题的清晰度、简洁性,并尽量避免引导性问题,以保证数据的客观性和可靠性。

市场调研能够为企业提供关键的市场和消费者数据,为产品开发、市场定位和营销策略制定提供坚实的数据支撑。这一过程虽然复杂且耗时,但对于确保项目的市场适应性和最终成功来说,是完全值得的投入。

(三)数据收集

在进行市场调研的数据收集阶段,选择合适的样本和数据收集方法成为确保调研成果有效性和准确性的首要任务。样本的选择必须具有代表性,这意味着所选样本应能够全面反映目标市场的特性和行为模式。为此,创业者需要依据调研目标和研究问题仔细确定样本的规模、类型以及抽样方法,确保样本的选择既能满足研究需求,又能保证数据收集的实际可行性。

随后,根据事先设计好的调研计划,开始实施具体的数据收集活动。这一过程可能包括发放问卷、进行深度访谈、观察研究或者组织焦点小组讨论等多种形式。问卷调查因其操作简便、成本相对低廉而广泛应用于定量研究,而深度访谈和焦点小组讨论则更适用于探索性的定性研究,这些都能够帮助创业者深入了解消费者的真实想法和感受。

此外,数据收集并不仅限于初级数据,次级数据的收集同样重要。次级数据指的是已经存在的数据,如行业报告、学术论文、政府发布的统计数据以及其他公开的市场分析报告等。这类数据虽然不是为特定研究目的而收集的,但它们能够提供宏观的市场趋势、竞争环境分析以及历史数据比较等宝贵信息，为创业者提供更为全面的市场视角。

总的来说，通过综合运用多种数据收集方法和渠道，创业者可以获得更为准确和全面的市场信息，为后续的数据分析提供坚实的基础。因此，创业者需要精心策划并认真执行每一步数据收集工作，确保所收集的数据能够真实、有效地支持市场调研的最终目的。

（四）数据分析

数据分析阶段是市场调研过程中极其关键的一环，它的目的在于将繁杂、原始的数据转化为有用的信息。这一过程不仅要求对数据进行精确的处理和分析，还需要对结果进行深入的解释和理解。通常，数据分析涉及应用各种统计学方法来挖掘调研数据中蕴含的意义，比如利用频率分析来确定某一现象的普遍性，或通过交叉分析来探索不同变量之间的关系。

频率分析是基本的统计工具之一。统计某一特定答案或数据点出现的次数，可以帮助创业者快速了解市场的一般态势。例如，在消费者满意度调查中，频率分析可以揭示大多数消费者对产品的整体满意程度。而交叉分析则能通过比较不同维度的数据（如年龄组与购买偏好），揭示更加复杂的市场细分和消费者行为模式。

除了频率分析和交叉分析，还有许多其他的统计技术，包括回归分析、聚类分析等。这些高级方法可以帮助创业者识别变量之间的因果关系，或将消费者分群以更细致地理解不同市场细分的需求。

数据分析的最终目的是将收集到的数据转化为对创业项目有实际指导意义的洞见。这要求创业者不仅要掌握数据分析的技术方法，还需要具备将数据分析结果与实际业务问题相结合的能力。例如，通过分析得知某一特定消费者群体对产品特性有明确的偏好后，创业者需要进一步考虑如何通过产品设计或营销策略来满足这些需求。

总之，数据分析并不仅仅是对数字的操作，更是一种将数据转化为可行业务策略的艺术。通过精心的分析和深入的解释，创业者可以获得对市场趋势和消费者需求的深刻理解，从而更有效地指导创业项目的发展方向。

（五）报告编写与呈现

完成市场调研后的最后一项关键任务是将所有的发现和数据整理成一份全面的报告。这份报告的目的不仅是记录调研过程中的每一个步骤，包括所采用的方法、收集到的数据以及分析得出的结论，而且更重要的是，它需要对企业未来的发展方向提供明确的指导。报告中应当详细说明基于调研结果提出的涵盖从市场进入、产品开发到市场定位的全方位策略和建议。

1. 市场进入策略

市场进入策略是企业进入新市场或扩大现有市场份额的计划和方法。调研报告应基于市场的需求分析、目标客户的特点、竞争对手的现状等，提出最适合企业的市场进入策略，包括确定最有利的市场细分、选择适当的分销渠道、制定价格策略等。

2. 产品开发建议

产品开发建议应侧重于如何基于消费者需求和市场趋势，优化现有产品或开发新产品。这涉及对产品特性、设计、功能等方面的改进建议，以更好地满足目标市场的需求。报告应该明确指出哪些产品特征是消费者最关心的，以及在产品设计和功能上有哪些潜在的改进空间。

3. 市场定位策略

市场定位策略关注的是如何在消费者心中确立产品或服务的独特地位，以区别于竞争对手。报告应根据调研结果，提出关于品牌形象、价值主张和营销信息的定位建议。这些建议应帮助企业明确自身产品的独特卖点，以及如何通过营销将卖点展示给目标客户。

报告的呈现形式多种多样，可以是传统的书面报告，也可以是更加直观的演示文稿，或是包含图表和视频的数字报告。无论采用哪种形式，关键在于确保信息的清晰传达。报告应该结构清晰，逻辑严密，以便团队成员、管理层和潜在投资者都能轻松理解调研的结果和建议。图表、图形和其他视觉元素可以大大提高报告的可读性和吸引力，帮助接收者更快地把握关键信息。

二、市场调研的应用

市场调研不仅可以帮助企业了解市场环境，还能为产品开发、市场定位和营销策略提供实证基础。以下是市场调研在这三个领域中应用的具体方法和优势。

（一）产品开发

在产品开发阶段，市场调研的作用不容小视，它为企业提供了关于消费者需求、市场趋势以及竞争对手状况的宝贵信息。通过深入的市场调研，企业不仅能够准确把握消费者的需求和偏好，还能对市场上现有产品的性能和缺陷有一个全面的了解。这些信息对于指导产品的开发方向至关重要。

例如,市场调研发现消费者对某一产品类别的现有解决方案普遍不满意,这为企业提供了一个改进现有产品或开发新产品以满足消费者需求的机会。企业可以通过引入创新的设计、增加独特的功能或提升产品质量来吸引消费者,从而在竞争中取得优势。此外,通过市场调研,企业还能发现那些尚未被市场充分满足的需求,这些往往是创新和开发全新产品或服务的理想切入点。

除了指导产品的开发方向,市场调研的结果还能帮助企业更有效地定位其产品。了解消费者的具体需求和偏好,可以使企业更加精确地针对特定的市场细分设计产品和制定营销策略。例如,通过识别特定年龄群体或生活方式偏好的消费者需求,企业可以开发更符合这些群体期望的产品,从而提升市场的响应度和消费者的满意度。

市场调研还能够揭示行业内的最新趋势和技术发展,为企业提供前瞻性的建议。通过跟踪技术进步和市场变化,企业能够及时调整其产品开发策略,引入创新技术,或者优化产品功能,以保持其市场竞争力。

总之,市场调研在产品开发阶段起着至关重要的作用。它不仅能够帮助企业更好地理解消费者需求,还能够提供关于市场趋势和竞争状况的信息。通过基于市场调研的数据进行产品创新,企业可以有效地增强其产品的市场吸引力,抓住市场机会,从而在激烈的市场竞争中脱颖而出。因此,对于那些希望在市场上取得成功的企业来说,做好市场调研并将其结果应用于产品开发,是一项不可或缺的产品开发策略。

(二)市场定位

确定产品或服务的市场定位是构建成功商业策略的关键步骤之一。市场定位不仅关乎产品本身的属性,更关乎如何在目标消费者的心中塑造产品的独特形象,以及如何让产品在众多竞争者中脱颖而出。这一过程要求企业准确识别和理解其目标市场细分,包括消费者的特定需求、购买习惯和偏好等。企业还需要明确产品的差异化特征——这些特征不仅要能够吸引目标客户,还要能够明显区分于竞争对手的产品或服务。

市场调研在这一过程中发挥着至关重要的作用。通过深入的市场调研,企业可以获得关于消费者的行为模式、竞争对手的策略行动以及整体市场趋势的详尽信息。这些信息对制定一个有效的市场定位策略至关重要,因为它们提供了实证基础来支持企业的决策过程。例如,了解消费者对某一产品特性的偏好可以帮助企业突出该特性,从而吸引部分消费者;同样,通过分析竞争对手的定位策略,企业可以发现市场上未被充分满足的需求或是潜在的市场缝隙。

市场调研还能揭示目标客户群体的深层需求和偏好，这为企业提供了精确定位其产品或服务的机会。企业可以利用这些信息来设计营销活动和制定营销策略，确保这些信息不仅能够吸引目标消费者的注意，还能够促使消费者主动消费。此外，通过持续的市场调研，企业可以不断地调整和优化其市场定位策略，以应对市场的变化和消费者需求的演进。

总之，市场定位是商业成功的基石之一，而市场调研则是实现有效市场定位不可或缺的工具。通过综合利用市场调研提供的信息，企业可以更精确地定位其产品或服务，构建独特的品牌形象，并在竞争激烈的市场环境中取得成功。这一过程要求企业不仅要有能力收集和分析市场数据，更要有能力去理解这些数据背后的意义，并据此制定出具有前瞻性的市场定位策略。

（三）营销策略制定

营销策略的有效制定和执行在很大程度上依赖于对市场调研数据的深入分析和应用。通过细致的市场调研，企业能够获得关于目标市场、消费者行为、竞争对手以及营销渠道效果的宝贵信息。这些数据有助于企业在复杂多变的市场环境中制定出更为精准和有效的营销策略。

首先，通过市场调研，企业可以识别并确定有效的营销渠道。在数字化时代，消费者获取信息的渠道极为多样，包括社交媒体、搜索引擎、电子邮件、在线广告等。通过分析不同渠道的覆盖范围、用户活跃度以及渠道特性，企业可以选择最适合其产品和服务的营销渠道，从而更高效地触达目标消费者。

其次，了解目标顾客的购买行为和其对不同营销信息的反应对于设计有效的营销活动至关重要。市场调研可以揭示消费者的购买决策过程、品牌偏好、价格敏感度以及对营销活动的响应等信息。这些信息可以帮助企业构建符合消费者期望的营销信息，并通过适当的呈现方式和时机影响消费者的购买决策。例如，如果市场调研显示年轻消费者更倾向于通过社交媒体平台了解和购买新产品，那么企业就应该在这些平台上投入更多的营销资源，利用定制化的内容营销和社交互动来吸引和转化这部分目标群体。同时，通过设置特定的营销活动指标，如点击率、转化率和参与度等，企业可以实时监测营销活动的表现，及时调整营销策略使营销效果和投资回报最大化。

最后，市场调研还为营销活动的后期评估提供了工具和方法。通过对营销活动前后市场数据的比较分析，企业可以评估营销活动对品牌知名度、市场份额以及销售额的实际影响,从而不断调整和优化营销策略,确保营销资源的有效利用。

综上所述,市场调研在营销策略的制定和执行过程中发挥着至关重要的作用。它不仅能够帮助企业更精确地了解和判断市场趋势和消费者需求,还能够指导企业设计和实施更为有效的营销活动,从而在激烈的市场竞争中获得优势。因此,企业应该重视市场调研,将其作为营销决策的重要支撑,以实现持续的市场增长和品牌建设。

三、市场分析的关键领域

在创新创业项目的发展过程中,深入进行市场分析是确保项目可持续发展和成功的关键。市场分析包含了对目标市场、竞争环境、行业趋势,以及项目本身的 SWOT 分析等多个重要领域的深入探讨。这些分析能够帮助创业者理解市场动态、制定有效的策略,以及识别和抓住新的机会。

(一)目标市场分析

目标市场分析为创业项目的所有后续活动提供了基础和方向。这一阶段的主要目标是详细定义并理解项目所定位的特定市场细分,包括这一细分市场的大小、结构、成长潜力以及消费者的特征和行为模式。为了实现这一目标,创业者需要进行一系列深入的研究和分析工作。

第一,识别目标市场的地理位置是分析的首要步骤。这一过程涉及确定项目预期覆盖的地区范围,可以是本地、全国乃至国际市场。不同的地理位置将直接影响产品的设计、推广方式以及营销策略,因为不同地区的消费者可能由于文化、经济和社会因素的差异而展现出不同的购买行为和需求。

第二,人口统计特征的分析能够为创业者提供目标市场的基本轮廓。人口统计特征包括年龄、性别、教育水平、职业和收入水平等信息。通过理解这些特征,创业者可以更好地识别和理解他们的潜在客户,从而设计出更加符合其需求和偏好的产品或服务。

第三,消费者行为和购买习惯的研究则揭示了消费者如何、何时以及为什么购买某种产品或服务。这一过程涉及对消费者购买过程的深入理解,包括他们如何收集信息、评估选择以及做出购买决策。了解这些行为模式对于制定有效的营销策略和提高销售效率至关重要。

第四,深入挖掘消费者的需求和偏好是目标市场分析中最为关键的部分。这不仅要求创业者了解消费者当前的需求，更要努力预测其未来的趋势和变化。通过与目标消费者的交流（如调查问卷、焦点小组讨论等），创业者可以获得宝贵的一手数据，帮助他们设计出更具吸引力的产品和服务，真正满足目标市场的需求。

通过这一系列的分析和研究，目标市场分析最终能够帮助创业者准确定位他们的产品或服务，确保其设计和推广活动能够紧密贴合目标消费者的实际需求。这是建立和发展创业项目的基础，也是实现商业目标和增长的关键。

（二）竞争环境分析

在明确了目标市场之后，对竞争环境的深入分析成为创业者制定有效战略的重要基础。这一过程不仅涉及对市场上现有竞争对手的全面识别，还包括对这些对手市场份额的详细评估以及对他们优势和劣势的细致分析。通过这样的分析，创业者能够获得宝贵的信息，这些信息将直接指导其产品或服务的定位以及未来的业务战略。

1. 识别主要竞争对手

创业者需要确定谁是他们的直接竞争对手，通常是提供相似产品或服务的公司。同时，创业者也不能忽视那些间接竞争对手，即虽然提供不同产品或服务但满足相同客户需求的企业。对于新兴市场或尚未充分开发的市场细分，创业者还应警惕潜在的竞争者，即可能进入市场的新企业。广泛的市场调研和分析可以确保创业者对所有相关竞争对手具有全面的了解。

2. 评估市场份额

评估竞争对手的市场份额不仅可以揭示他们在市场上的地位，还能帮助创业者了解市场的集中程度和竞争的激烈程度。市场份额较大的竞争对手可能拥有较强的品牌影响力、较高的顾客忠诚度或者更有效的运营效率。通过分析这些数据，创业者可以评估自己进入市场的难度和潜在的市场空间。

3. 分析优势和劣势

对竞争对手优势和劣势的分析是创业者制定战略的关键，包括但不限于技术优势、成本结构、品牌认知度、顾客服务品质等方面。了解这些因素不仅能帮助创业者识别市场上的机会和威胁，更重要的是，能够帮助他们定位自身产品或服务的独特价值。例如，如果竞争对手的弱点是顾客服务，那么创业者就可以通过提供卓越的顾客体验来获得竞争优势。

4.找到独特价值主张

通过深入分析竞争对手，创业者可以发现并定义自己产品或服务的独特价值主张。这是区分于竞争对手并吸引目标顾客的关键因素。无论是产品的独特功能、创新的服务模式、无法匹敌的顾客体验，明确的价值主张都是在激烈的市场竞争中脱颖而出的基石。

综上所述，对竞争环境的综合分析是创业成功的关键步骤。它不仅能够帮助创业者准确地了解市场状况和竞争格局，更重要的是，能够为其提供制胜市场的策略和方向。通过识别并分析竞争对手的市场份额、优势和劣势，创业者可以更有信心地制定自己的市场进入策略和产品定位，最终在竞争中取得优势。

（三）行业趋势分析

行业趋势分析是市场分析中一个不可或缺的组成部分，它要求创业者将视野扩展到单一市场之外，对更为宏观的市场环境进行深入探究。在这一过程中，技术进步、法律法规变化、经济条件以及社会文化趋势等外部因素都成为分析的重点。每一种因素都能以其独特的方式影响行业的现状和未来，因此对它们的深入理解对于制定有效的商业战略至关重要。

技术进步是推动行业变革的主要动力之一。新技术的出现和应用不仅能够创造新的市场机会，还可能彻底改变产品的生产方式、服务的提供模式以及消费者的购买行为。因此，对当前和潜在的技术趋势的监测和分析，能够使创业者抓住先机，利用技术创新来提升竞争力。

法律法规变化对行业发展同样具有深刻影响。无论是关于数据保护、环境保护等方面的法律法规的更新，还是行业特定的监管政策变动，都可能对企业的运营模式、成本结构乃至商业模式产生重大影响。通过对这些变化的及时响应，创业者可以确保企业的合法性、合规性，同时也可能发现由此产生的新的商业机会。

经济条件的变化，包括宏观经济周期、消费者信心指数、就业率等因素，直接影响消费者的购买力和消费行为。在经济繁荣时期，消费者可能更愿意尝试新产品和服务；而在经济衰退时，消费者则可能更加谨慎，更注重价格和价值。因此，对经济趋势的理解，可以帮助创业者在不同经济环境下，做出适当的产品定位和市场策略调整。

社会文化趋势，如消费者价值观的变化、生活方式的演进等，也会对行业的发展产生影响。例如，大众对健康和可持续生活方式的日益重视，推动了健康食品和环保产品的市场增长。创业者通过理解这些文化趋势，不仅可以更好地满足消费者的需求，还能够在市场营销中有效地与消费者沟通。

总之，通过对技术进步、法律法规变化、经济条件以及社会文化趋势等方面的全面分析，创业者可以获得对行业未来发展方向的深刻洞见。这不仅为项目的长期规划提供了坚实的基础，也为战略调整和决策制定提供了关键依据，从而在不断变化的市场环境中保持竞争力和可持续发展。

（四）SWOT 分析

SWOT 分析，作为一种战略规划工具，为创业者提供了一种结构化的方法来评估他们项目的内部优势（strengths）和劣势（weaknesses），以及面临的外部机会（opportunities）和威胁（threats）。这种全面的分析框架使创业者能够在复杂多变的市场环境中，更加清晰地洞察自身项目的现状和发展潜力。

1.识别内部优势

通过对优势部分的分析，创业者可以识别项目或企业内在的强项。这些优势可能包括团队的专业技能、独特的技术创新、品牌优势、成本效益以及市场定位等。明确这些优势能够帮助企业确定自身在竞争中的优越地位，以及如何利用这些优势来实现业务增长。

2.分析内部劣势

通过对劣势部分的分析，创业者可以意识到企业内部存在的问题和挑战，可能是资源限制、技术短板、人力资源不足或管理经验的缺乏。通过客观地评估这些劣势，创业者可以制订改进计划，降低它们对企业发展的影响。

3.把握外部机会

通过对机会部分的分析，创业者可以发现市场环境中存在的潜在利好因素。这可能包括市场需求的增长、技术进步、政策支持或者竞争对手的缺失。通过识别和评估这些机会，创业者可以找到增长的突破口，制定相应的市场进入策略和产品开发计划。

4.应对外部威胁

通过对威胁部分的分析，创业者会关注可能对项目产生负面影响的外部因素，如激烈的竞争环境、市场需求的变化等。通过提前识别这些威胁，创业者可以准备应对策略，降低潜在风险对项目的影响。

综上所述，SWOT 分析为创业者提供了一个实用的框架，以全面评估项目在当前市场环境中的位置和潜力。通过这种分析，创业者不仅能够清晰地认识到项目的优势和劣势，更重要的是，能够根据外部环境的机会和威胁来调整和优化自己的业务战略。这对于创业者制订实际操作计划、确保项目可持续发展，以及在竞争中保持优势至关重要。此外，SWOT

分析的结果也可以作为沟通工具，帮助团队成员理解项目的战略方向，增强团队的凝聚力和目标一致性。

总的来说，市场分析为创业者提供了一个全面的视角，使创业者能够在充分了解市场的基础上，做出更加明智的决策。对于大学生创业者来说，虽然资源可能有限，但通过系统的市场分析，他们可以有效地识别并利用自身优势，抓住市场机会，同时规避风险，为项目的成功奠定坚实的基础。

在探讨大学生创新创业的过程中，我们不得不强调市场调研与分析的重要性。无论是在确定项目的方向、设计产品、制定市场进入策略，还是在最终确定产品的市场定位时，深入的市场调研和分析都是不可或缺的步骤。市场调研和分析为大学生创业者提供了必要的市场信息，帮助他们理解目标消费者的需求和偏好、评估竞争环境，以及识别潜在的市场机会和挑战。

对于大学生创新创业项目来说，市场调研不仅是项目启动初期的必要步骤，更是一个持续的过程。随着市场环境的不断变化、消费者需求的演进，以及竞争态势的调整，持续的市场调研成为企业适应这些变化、持续创新和保持竞争力的关键。通过定期进行市场调研，创业者可以及时获取最新的市场信息，这对于调整产品特性、优化营销策略，甚至是决定企业未来的战略方向都至关重要。

此外，持续的市场分析也能帮助创业者更好地理解自身企业的内部优势和劣势，以及外部的机会和威胁。这种对内外部环境的深入了解，能够使创业者更加灵活地调整业务策略，迅速响应市场变化，从而在激烈的市场竞争中抢占先机。

第二节　项目定位与目标设定

在当今快速变化的经济环境中，创新创业成为推动社会进步和经济发展的关键力量。随着技术的飞速发展和全球化进程的加深，新的商业模式和创新产品不断涌现，极大地丰富了市场结构，满足了消费者多样化的需求。更重要的是，创新创业激发了人们的创造力，为求职者提供了新的就业机会，同时也为社会带来了新的活力和动力。因此，无论是对个人、企业还是对整个社会来说，创新创业都具有重要的意义和深远的影响。

在创业的过程中，项目定位与目标设定占据了核心的地位。明确的项目定位可以帮助创业者清楚地了解自己的业务方向和市场定位，从而有效地区分竞争对手，寻找到自身的竞争优势。同时，合理的目标设定不仅为创业项目提供了明确的发展方向，还为团队成员提供了努力的方向和动力，确保了资源的有效配置和团队的高效运作。因此，无论是在创业初期的市场研究，还是在后期的产品开发和市场推广阶段，项目定位和目标设定都是引导创业成功不可或缺的重要因素。

一、项目定位的概念与重要性

项目定位指的是在市场中为自己的产品或服务找到一个独特的位置，以便从竞争者中脱颖而出，并吸引目标客户，其不仅涉及产品的功能特性，也包括品牌形象、客户体验、价格定位等多个方面。通过有效的项目定位，企业可以清晰地向市场传达自己的价值主张，以及为什么消费者应该选择自己而非竞争对手。

确定项目定位的重要性不容小视。首先，它能帮助创业者深入理解市场需求，确保产品或服务能够满足特定的客户需求或解决特定的问题。其次，清晰的项目定位有助于突出企业的竞争优势，无论是产品的独特性、服务的质量，还是价格的优惠，都能成为吸引客户的关键因素。最后，明确的项目定位使企业能够更精准地识别和理解其目标客户群，从而更为有效地制定营销策略和设计促销活动。

综上所述，项目定位不仅是企业市场战略的核心，也是连接产品与目标市场的桥梁。一个准确的项目定位能够指导创业者在激烈的市场竞争中找到自己的立足点，有效地分配资源，最终实现商业成功。因此，投入时间和精力来确定和细化项目定位，对于任何创业者来说都是一项至关重要的任务。

二、项目定位的方法

在创业的过程中，项目定位是确保企业能够准确把握市场需求、明确自身竞争优势，并有效吸引目标客户的关键步骤。

（一）竞争分析

在清楚了解市场需求之后，进行竞争分析是明确自身竞争优势的重要步骤，包括识别主要竞争对手以及评估他们的产品或服务、市场份额、营销策略、客户反馈。通过这一过程，创业者可以了解竞争对手的强项和弱点，进而确定自己产品或服务的独特优势。竞争分析不仅有助于企业避免直接与对手在相同点上竞争，还能帮助其找到差异化的切入点，为项目赢得市场空间。

（二）目标客户确定

在创业的过程中，明确目标客户群体是构建有效商业策略的关键一环。创业者不仅要对市场进行细分，而且需要深入识别和理解那些具有共同特征和需求的潜在客户。这一步的成功实施，将直接影响到产品开发、营销策略和最终的销售结果。

细分市场并识别目标客户时，考虑客户的多个维度是至关重要的。这些维度包括但不限于年龄、性别、收入水平、教育背景、职业、生活方式以及购买习惯等。例如，一款高端的运动手表可能针对的是年轻、收入较高、注重健康且喜爱科技的群体。通过综合分析这些维度，创业者能够确保其目标客户群不仅对产品或服务有明确的需求，而且具备相应的购买力。

明确目标客户群体后，企业能够更加精准地进行产品设计，确保产品特性和功能能够满足这些客户的具体需求。同时，营销推广活动也可以更有针对性，通过选择最合适的渠道和信息传递方式来有效触达目标客户，从而提高营销效率和转化率。此外，服务提供也可以根据目标客户的偏好进行优化，无论是售前咨询、售后支持还是定制服务，都能更好地满足客户期望，提升客户满意度和忠诚度。

总之，基于市场调研和竞争分析来明确目标客户群体，是创业项目成功的基础。这一步骤不仅能帮助创业者更清晰地了解市场和客户，也为产品开发、营销策略提供了指导方向。因此，创业者应投入必要的时间和资源来确保这一步骤的准确执行，为企业的长期发展奠定坚实的基础。

（三）价值主张构建

在创业的过程中，构建一个有力的价值主张对于吸引和留住目标客户至关重要。基于对市场需求、竞争环境和目标客户群体的深入理解，创业者通过精心设计的价值主张可以有效地展现其产品或服务的独特性和优势,从而在激烈的市场竞争中占据一席之地。

构建价值主张的过程应始于市场分析,创业者首先需要识别并明确目标客户面临的主要痛点,这些可能是当前解决方案未能充分解决的问题或需求。其次,创业者应详细说明其产品或服务如何解决这些痛点,提供了哪些额外的好处,如节省时间、降低成本、提高效率或增强用户体验等。

有效的价值主张还应当明确阐述为什么该产品或服务是解决特定问题的最佳选择。这可能涉及技术创新、成本效益、品牌信誉、客户服务等方面的优势。创业者需要突出这些优势,并通过具体的例子或数据支持其声明,以增强价值主张的说服力。

一个有力的价值主张应当简洁、清晰且易于理解,能够迅速抓住目标客户的注意力,并引发其对产品或服务的兴趣。在营销材料、官方网站、销售演示以及客户交流中一致地使用精心制定的价值主张,可以加深目标客户对产品或服务的理解。

一个成功的价值主张能够让目标客户感受到被理解和重视,认识到选择你的产品或服务将为他们带来实质性的好处。这种深度的共鸣不仅能够促使潜在客户做出购买决定,还能够建立长期的客户关系,为企业的持续成长和成功奠定坚实的基础。

三、目标设定的原则与方法

在创业过程中,明确、合理地设定目标是实现成功的关键一步。为了确保目标的有效性和实用性,企业家和创业者通常采用 SMART 原则来指导目标设定过程。此外,平衡短期目标与长期愿景也是创业成功的重要策略之一。

(一) SMART 原则

SMART 原则是一种被广泛认可的目标设定方法,它要求目标应当是具体的(specific)、可衡量的(measurable)、可达成的(achievable)、相关性的(relevant)和有时限性的(time-bound)。

1.具体的

目标的具体性是其有效性的基础。一个明确、具体的目标清楚地指出了要达成的具体结果,消除了模糊性和不确定性。这种清晰度不仅有助于团队成员理解目标,还能够指导他们制订具体的行动计划。例如,不能简单地说"提高销售额",一个具体的目标应该是

"在接下来的季度销售额增长 10%"。

2.可衡量的

设定可衡量的目标意味着要有能够明确衡量成功的标准。这使团队能够追踪进度，及时调整策略，并最终评估目标的达成程度。可衡量的目标提供了一种量化的方式来观察结果，如"通过营销活动新增 1000 名订阅用户"。

3.可达成的

实际可行的目标考虑了现有资源和限制，鼓励团队设定既有挑战性又真实可行的目标。过于遥远的目标可能会导致团队成员产生挫败感，而可达成的目标则能够激励团队成员发挥最大的潜力。比如，考虑到团队的规模和市场状况，设定"在下一财年内进入两个新市场"可能是一个可达成的目标。

4.相关性的

目标需要与团队的长期愿景和战略方向相符。相关性确保了每个目标的设定都是为了推进团队向前发展，而非孤立无关的努力。例如，如果一个企业的长期愿景是成为行业内领先的在线教育平台，那么"开发三门新的在线课程"将是一个相关的目标。

5.时限性的

为目标设定明确的截止日期可以增加执行的紧迫感，帮助团队有效管理时间和优先级。时限性确保了目标的实现是有时间框架的，促使团队在规定时间内采取行动，比如"在今年年底前完成新版本产品的发布"。

（二）短期目标与长期愿景

在创业的过程中，精心设定目标是驱动项目前进的关键。这要求创业者在短期目标和长期愿景之间找到一个恰当的平衡点。短期目标专注于近期内可实现的具体成就，如产品开发里程碑、市场进入策略或初步的客户反馈收集。这些目标像是企业发展路径上的短暂停留点，它们提供了即时的成就感，保持团队的激情和动力。

与此同时，长期愿景描绘了企业未来的蓝图，包括市场领导地位的确立、品牌价值的提升、对社会的积极贡献等。这些目标通常更加宏观和抽象，需要经过一段时间的持续努力才能达成。它们为企业的发展提供了方向，确保所有的努力和资源都朝着统一的终极目标推进。

实现短期目标和长期愿景平衡的关键在于将短期目标设定为实现长期愿景的具体步骤。

短期目标的制定应当与长期愿景紧密相连，每一个短期成功都应当是朝着长期愿景迈进的实质性步伐。例如，如果长期愿景是成为某个行业的市场领导者，那么短期目标可能包括开发一款创新产品、建立品牌认知或扩大市场份额等。

此外，灵活性在目标设定过程中也至关重要。市场环境和企业内部状况都可能发生变化，这要求创业者能够定期回顾并根据需要调整目标，不仅包括对未达成的短期目标进行重新评估和调整，也可能涉及对长期愿景进行微调，以适应发展过程中出现的新机会和新挑战。

总而言之，通过在短期目标和长期愿景之间建立一个动态的平衡，创业者可以确保企业既能够应对当前的挑战，又能够朝着更加宏伟的目标稳步前进。这种平衡策略不仅能够提高团队的工作效率和士气，还能够确保企业的发展战略与市场及内部条件的变化保持同步，从而在充满不确定性的创业之路上走得更远。

四、制定实现目标的策略

在创业过程中，制定实现目标的策略是成功的关键，包括资源规划、里程碑设定以及风险管理等多个方面。每个环节都对项目的顺利进行至关重要，帮助创业者更高效地达成既定目标。

（一）资源规划

资源规划对于任何项目的成功都是至关重要的，它为项目的顺利启动及其持续运行提供了坚实的基础。这一过程要求创业者和项目管理者深入理解项目实施过程中所需的所有关键资源，并采取有效措施来确保这些资源的可用性。资源规划主要包括资金、人力和技术三大领域的规划，每个领域都对项目的成功发挥着不可或缺的作用。

1. 资金规划

资金是启动和运行任何项目的血脉。在资金规划阶段，创业者需要评估项目启动资本的需求，包括但不限于初期的设备购置、办公场所租赁、员工薪酬和市场营销活动等开支。此外，项目的运营成本也需要被考虑在内，比如日常的管理费用、产品维护和升级成本等。未来扩展的需求同样重要，这意味着创业者需要预留足够的资金以支持企业的成长和扩张计划。通过对资金需求的全面评估和规划，企业可以避免因资金短缺而导致项目中断或失败。

2.人力资源规划

人力资源是项目成功的关键因素之一。正确的人力资源规划不仅涉及团队规模的确定，还包括成员的技能需求分析以及人员的招聘和培训。项目的不同阶段可能需要不同类型的专业人才。例如，项目初期可能更多地依赖产品开发和市场分析方面的专家，而在项目成熟期则可能需要更多的销售和客户服务人员。因此，制订一个灵活且高效的人力资源计划对于确保团队能够满足项目不断变化的需求至关重要。

3.技术资源规划

在技术日新月异的今天，确保项目拥有足够的技术支持变得尤为重要。技术资源规划需要考虑产品开发初期所需的技术工具和平台，以及后续市场推广阶段可能需要的技术支持。此外，随着项目的进展，技术升级和维护也是不可忽视的方面。通过提前规划，创业者可以确保项目能够在整个生命周期内获得必要的技术支持，从而提高产品的竞争力和市场响应速度。

综上所述，通过对资金、人力和技术资源的详细规划，创业者可以为项目的成功奠定坚实的基础。详尽的资源规划不仅能够确保项目在启动和运行过程中的顺利进行，还能够帮助创业者有效地应对未来的挑战和变化，从而在激烈的市场竞争中占据有利地位。

（二）里程碑设定

里程碑设定在项目管理和团队协作中起到了枢纽作用，为项目的顺利推进提供了明确的参考点和动力源泉。这些预设的关键进度点既可以是技术上的成就，如成功开发出项目的核心功能，也可以是商业上的里程碑，如实现特定的销售目标或市场占有率。通过细致地规划这些里程碑，项目团队能够确保所有成员对项目的主要目标和阶段性成果有一个共同的、清晰的认识。

设定明确的里程碑对于项目的时间管理和资源分配至关重要。它们为团队提供了一个具体的时间表，使得项目的每一个阶段都有明确的截止日期和目标。这种规划有助于团队成员合理安排工作负担，优化资源利用，避免项目延期或资源浪费。同时，它也为项目经理提供了一种有效的监控工具，使他们能够及时跟踪项目的进展情况，识别潜在的风险或瓶颈，从而做出及时的调整和应对。

此外，里程碑的达成对于维持和提升团队士气具有重要意义。每当项目达到一个里程碑时，无论是完成一个关键功能的开发，还是获得市场的初步认可，都是对团队努力的肯定。这些成功的经验能够增强团队成员的信心，提升团队凝聚力，激发他们对后续工作的热情和投入。同时，共同庆祝这些成就也有助于建立团队文化，促进成员之间的交流和合作。

里程碑设定还是项目沟通的重要工具。它使得团队能够向利益相关者，包括客户、投资者和管理层，清晰地报告项目的进展情况和即将到来的关键事件。

综上所述，里程碑设定是项目管理中不可或缺的环节。它不仅有助于项目的有效监控和管理，还能够提升团队士气，加强团队成员之间的合作，同时促进项目团队与外部利益相关者之间的沟通。因此，设定和管理项目里程碑，对于确保项目成功有着至关重要的作用。

（三）风险管理

在目标实现过程中，风险管理是另一个不可忽视的环节。这要求创业者提前识别项目可能面临的潜在风险，包括市场风险、财务风险、技术风险等，并制定相应的应对措施。例如，市场调研可以帮助企业预测市场需求的变化，从而减少市场风险；财务规划和备用资金的设置可以缓解企业的财务压力；而对技术更新的持续关注则可以降低技术过时的风险。通过有效的风险管理，创业项目能够更稳健地向前发展，避免受到意外事件的影响。

第三节　商业模式

"现代管理学之父"彼得·德鲁克认为，今天企业之间的竞争已经不是产品和服务之间的竞争，而是商业模式之间的竞争。这种看法突出了商业模式的决定性影响。商业模式的创新者可以掌握关键资源，如核心技术、市场的主导权、供应链的控制力和整体系统架构等。通过这些创新，企业能够更加高效地建立起自身的核心竞争力，促进其快速成长和释放巨大的增长空间，同时产生更高的盈利和价值。在维持盈利性的同时，这样的创新还能使企业难以被竞争者复制或超越。因此，对于大学生创业者而言，在创业的过程中，不仅需要深刻理解商业模式的重要性，还必须结合自身的具体条件，设计出具备特色的商业模式。

一、商业模式的定义和本质

（一）商业模式的定义

近些年来，商业模式这一概念日益受到商界和学术界的广泛关注，成为创业者和风险资本家经常讨论的话题，也是投资决策的一个重点。许多人认为，优秀的商业模式是成功的关键。然而，对于商业模式的精确定义，至今在学术界和业界并没有一个统一的说法。虽然"商业模式"这个术语早在20世纪50年代就已出现，但直到20世纪90年代，它才开始被广泛使用和讨论。

目前，相对比较贴切的说法是：商业模式是一种包含了一系列要素及其关系的概念性工具，用以阐明某个特定实体的商业逻辑。它描述了公司所能为客户提供的价值，以及公司的内部结构、合作伙伴网络和关系资本等，借以实现（创造、推销和交付）这一价值，并产生可持续盈利收入的要素。

商业模式是一种简化的商业逻辑，依然需要用一些元素来描述这种逻辑：

价值主张，即公司通过其产品和服务，所能向消费者（用户）提供的价值。价值主张确认公司对消费者的实用意义。

消费者目标群体，即公司所瞄准的消费者群体。这些群体具有某些共性，从而使公司能够（针对这些共性）创造价值。定义消费者群体的过程，也被称为市场划分。

分销渠道，即公司用来接触消费者的各种途径。这里阐述了公司如何开拓市场。它涉及公司的市场和分销策略。

客户关系，即公司同其消费者群体之间所建立的联系。通常所说的客户关系管理即与此相关。

价值配置，即资源和活动的配置。

核心能力，即公司执行其商业模式所需的能力和资格。

合作伙伴网络，即公司同其他公司之间为有效地提供价值并实现其商业化，而形成的合作关系网络。这也描述了公司的商业联盟范围。

成本结构，即所使用的工具和方法的货币描述。

收入模型，即公司通过各种收入流，来创造财富的途径。

资本增值，即伴随用户规模、品牌价值、市场份额方面的成长，项目本身估值也不断增加。被潜在觊觎者收购也将成为一种创造财富的路径。

商业模式的设计是商业策略的一个组成部分。而将商业模式实施到公司的组织结构（包括机构设置、工作流和人力资源等）及系统（包括IT架构和生产线等）中去，则是商业运作的一部分。这里必须要清楚区分两个容易混淆的名词：业务建模，通常指的是在操作层面上的业务流程设计；而商业模式和商业模式设计，指的则是在公司战略层面上对商业逻辑的定义。

（二）商业模式的本质

商业模式的本质是企业创造价值的核心逻辑。商业模式本质上是若干因素构成的一组盈利逻辑关系的链条，商业模式的本质主要表现在层层递进的三个方面：

1. 价值发现

明确价值创造的来源，是对机会识别的延伸。通过可行性分析，创业者所认定的创新性产品和技术只是创建新企业的手段，企业最终成功与否取决于它是否拥有顾客。创业者在对创新产品和技术识别的基础上，进一步明确和细化顾客的价值所在，确定价值命题，是商业模式开发的关键环节。绕过价值发现的思维过程，创业者容易陷入"如果我们生产出产品，顾客就会来买"的错误逻辑，这是许多创业实践失败的重要原因之一。

2. 价值匹配

新企业不可能拥有满足顾客需要的所有资源和能力，即便新企业愿意亲自去打造和构建所需要的所有资源和能力，也常常需要很大的成本，面临着很大的风险。因此，为了在机会窗口内取得先发优势，并最大限度地控制机会开发的风险，几乎所有的新企业都要与其他企业形成合作关系，以使其商业模式有效运作。

3. 价值获取

制定竞争策略，占有创新价值。这是价值创造的目标，是新企业能够生存下来并获取竞争优势的关键，是有效商业模式的核心逻辑之一。许多创业企业是新技术或新产品的开拓者，但却不是创新利益的占有者。这种现象发生的根本原因在于这些企业忽视了对创新价值的获取。价值获取的途径有两方面：一是为新企业选择价值链中的核心角色；二是对自己的商业模式细节最大可能地保密。从第一方面来说，价值链中每项活动的增值空间是不同的，哪一个企业占有了增值空间较大的环节，就占有了整个价值链价值创造的较大比例，这直接影响创新价值的获取。从第二方面来说，有效商业模式的模仿在一定程度上将会侵蚀企业已有利润，因此创业企业越能保护自己的创意不被泄露，就越能较长时间地占有创新效益。

二、商业模式与商业战略的关系

在当前全球市场运营环境复杂的背景下，进行战略性的定位和思考对于企业在激烈的市场竞争中取得胜利显得尤为关键。商业战略包含了企业为实现其组织目标而采取的一系列行动策略，核心在于取得超越竞争对手的绩效和竞争优势。商业战略的形成和执行是一个涉及战略规划和实施两大关键阶段的过程，它着眼于未来，确立企业的发展方向，并集中于实现企业的长期目标和愿景。商业模式与商业战略关系密切。

（一）商业模式对商业战略的影响

商业模式是战略规划过程的一部分，它提供了一套基于商业模式的战略行动框架。从本质上讲，商业模式为企业提供了一个进行战略思考的框架，是对企业现状的详细描绘，反映了企业的实际运营状态。

商业战略为商业模式的创新和变革提供方向。战略是企业为保持竞争力和盈利能力而进行的长期、方向性思考，而商业模式的主要目的在于解决盈利和持续盈利的问题。换言之，如果企业在某个市场已运营一段时间并面临需重新定位或变革的战略性决策时，应首先从商业模式创新着手。因为战略的核心在于采取不同于常规的行动，商业模式的创新正是寻找不同于竞争对手的行动方式或选择不同的活动执行路径，否则战略将仅仅成为一种形式而难以在市场竞争中立足。此外，若初创企业拥有一个创新但尚未成熟的商业模式，那么它应当明确自身的战略方向，并依此来进一步整合和完善其商业模式，以确保战略和商业模式的内在一致性和相互促进，充分发挥商业模式的潜力。

与传统战略方法相比，商业模式创新对战略的思考方式、设计流程和路径选择带来了新的视角，它加强了战略在时间和空间分布上的深度，使得战略的内部层次变得更加分明。

1.商业模式对传统企业思维方式的影响

传统企业通常以"我想做什么"为起点，制订业务计划。这种方法是线性的，侧重于单向发展。相反，商业模式鼓励企业从更广阔的产业链视角进行思考，关注的不仅是"我想做什么"，还包括"我的角色是什么"。它着眼于界定企业在产业链中的具体位置，并以此为基础，推进企业间的专业分工和协作。作为产业链的重要支撑，商业模式通过整合各企业的力量,共同参与产品的研发、生产、销售及服务,提供全面的客户价值解决方案,从而构建了一个高效的社会分工体系。此外,商业模式的这种思维方式促进了企业对市场需求的快速响应和创新能力的提升,进一步增强了企业的竞争优势。

2.商业模式对战略设计流程的颠覆

在传统的战略设计过程中,企业往往以设定一个清晰的目标为出发点,并围绕该目标规划一连串的行动计划。而采纳商业模式思维后,企业的定位发生根本性变化,从原本的单一利润中心转变为共创利益的参与者。这种思维方式强调了利润共创和网络化的实现途径,不仅改变了传统战略的内部架构,还重新定义了战略的执行路径。通过这种转变,企业能够更好地适应市场变化,实现资源的高效利用和价值的最大化。此外,它还鼓励企业与合作伙伴、供应商乃至竞争对手之间建立更紧密的合作关系,共同开发新的市场机会,实现共赢。

3.商业模式对战略路径的异化

商业模式的持续发展要求企业不断地重新定义其客户、产品或服务以及价值主张等核心要素。这种不断演化的框架不仅是战略发展的新模型,也反映了时代背景下企业的进步。它涵盖了资本、生产、智力资源和市场的全面整合,旨在为客户创造最大价值。与此同时,这种框架为战略实现提供了更多样化、灵活的路径,为企业的创新和差异化战略开辟了更广阔的思考空间。在这个过程中,企业能够更好地识别和利用新兴技术和市场趋势,通过不断的创新和适应,保持其竞争力和行业领导地位。此外,商业模式的这种进化促使企业更加注重可持续发展和社会责任,从而在追求经济利益的同时,也为社会和环境的可持续发展做出贡献。

(二)商业模式与商业战略的区分

1.组成元素的差异

商业模式着眼于企业如何通过有效整合内部资源与外部机会,构筑一个全面而高效、拥有独特核心竞争力的经营体系。这一模式关注企业如何创新产品与服务的提供方式,以实现持续的盈利能力。它不仅涵盖了企业的价值创造、价值交付和价值捕获三大核心活动,更是一套全面的运营策略。该模式考虑了市场定位、顾客细分、收入来源、成本结构、关键业务流程、合作伙伴网络等多个方面,旨在构建一个既能满足市场需求又能确保企业竞争优势的综合解决方案。

与此相反，商业战略则更为宏观，覆盖企业的全方位战略规划和行动，不仅只是局限于产品与市场的竞争策略，还包括营销策略、发展规划、品牌建设、资金融通、技术创新、人才发展及资源优化等多个维度。商业战略的多样化体现在对企业未来方向的设定和实现路径的规划上，旨在解决企业面临的全局性、长远性和根本性问题。每一种战略虽然在具体的聚焦点和操作层面上存在差异，但都围绕着如何引领企业实现长期发展的目标进行。这些战略共同构成了企业的发展蓝图，指导企业在不断变化的市场环境中做出适应和调整，确保企业的持续成长和竞争力的提升。

总之，商业模式与商业战略虽然都是企业战略规划的重要组成部分，但它们关注的焦点和解决的问题层面有所不同。商业模式更多关注企业的运作机制和盈利模式的构建，而商业战略则关注企业的全面规划和长远发展。二者相辅相成，共同支撑着企业的成长与发展。

2.重点与强调的差异

商业战略的核心价值在于它赋予了商业模式在市场中脱颖而出的差异化能力，这一能力是企业在激烈的市场竞争中脱颖而出的关键。战略的本质在于利用市场机会，实现商业模式的独特性，并通过这种独特性，使企业能够呈现卓越的业绩。在这种理论框架下，商业战略与商业模式并行不悖，作为企业运营的两大基石，它们相互补充，共同构成了企业成功的基础。

商业模式关注如何建立一个包括企业盈利机制及其可持续性在内的全方位计划。它试图通过创新的方式整合资源、优化流程，并通过有效的价值传递机制为客户提供价值，从而确保企业的盈利能力和持续成长。商业模式的设计考虑了企业的内部能力与外部环境，力求在这两方面达到平衡，进而创建独特而有效的运营机制。

相比之下，商业战略则更加关注如何指引企业的发展方向，它不仅确保企业按照正确的道路前进，还维护和提升企业的长期竞争力。商业战略通常带有明显的竞争性，旨在通过构筑和维持竞争优势来击败对手，并通过这种优势实现业绩的增长。这涉及对企业资源的高度集中、市场机会的精准把握以及对竞争环境的深刻理解，确保企业能够有效响应外部变化，把握成长机会。

总的来说，商业模式与商业战略虽然各自侧重点不同，但都是企业成功不可或缺的组成部分。商业模式提供了一种系统性的运营框架，关注如何创造和交付价值，而商业战略则提供了一种方向性的指引，专注如何在竞争激烈的市场中保持和提升企业的竞争力。通过两者有效地结合，企业可以在不断变化的商业环境中找到自己的定位，实现持续成长和成功。

三、基于价值的商业模式设计

商业模式设计过程是企业的一系列价值活动过程,是从价值主张到价值实现的过程。价值主张是商业模式设计的起点,价值实现是商业模式设计的终点。

(一)价值主张

在商业模式的构建中,价值主张处于核心位置,要求创业者不仅发现或创造价值,而且需要深入挖掘和精确界定这一价值创造的源泉。这个过程是对机遇识别的深化和延伸,要求创业者通过深入分析市场和客户需求,识别能够为目标客户群体提供独特价值的产品或服务。

企业的盈利能力和持续成长能力,根本上取决于其吸引和留住顾客的能力。因此,在确认了创新产品或技术的基础上,创业者必须进一步细化和明确顾客价值的具体内涵,确保这一价值能够满足目标顾客的实际需要和期望,从而真正地解决他们的问题或满足他们的需求。这一步骤是商业模式开发中至关重要的一环,因为它直接关系产品或服务市场的定位和竞争力。

很多创业者可能会犯一个常见的错误,即认为只要产品或技术被开发出来,顾客就会自然而然地对其产生兴趣并进行购买。这种"如果我建造,他们就会来"的思维模式忽略了市场营销和顾客需求之间复杂的关系,以及在当今竞争激烈的市场环境下,顾客的选择和偏好是多样化和变化莫测的。忽视对价值主张的深入思考和明确界定,是许多创业项目失败的关键原因之一。

因此,成功的创业者应当通过持续的市场研究和顾客反馈,不断调整和优化他们的价值主张,使之更加贴合目标市场的需求。同时,有效的沟通和市场推广策略也同样重要,这些策略能够确保将价值主张清晰地传达给目标顾客,并引起他们的共鸣。只有当价值主张与顾客需求精准对接,企业才能在市场中获得竞争优势,实现长期的成长和成功。

(二)价值网络

在商业模式的框架内,构建和维护一个高效的价值网络对促进价值创造至关重要。新兴企业面临的一大挑战是如何在资源和技能有限的情况下满足市场的需求。单凭一家企业的力量,往往难以覆盖顾客全方位的需求,更不用说在快速变化的市场环境中保持竞争力了。此外,即便企业决定自行开发所需的服务和产品,也可能因资金、时间和技术的限制,而面临高昂的成本和不确定的风险。

因此,建立与其他企业之间的合作伙伴关系,尤其是那些能够提供互补资源和技能的合作伙伴,成为新兴企业迅速抓住市场机遇、降低创业风险的有效策略。通过这样的合作,企业可以共享资源、分担风险、扩大市场覆盖范围,并加速产品的研发和推广进程,从而确保其商业模式的成功实施和可持续发展。

价值网络的构建不仅要求识别并选择合适的合作伙伴,还要求企业有效管理这些合作关系,确保合作的互惠性和长期稳定。一个良好的价值网络能够增强企业的创新能力,提高市场响应速度,降低经营风险,并最终为顾客创造更大的价值。

在当前经济全球化和产业链整合的趋势下,价值网络的重要性日益凸显。新兴企业应该积极寻找和培育与其业务目标相符的合作伙伴,通过有效的网络管理策略,构建一个既能促进自身价值创造,又能实现合作共赢的价值网络。这样的价值网络不仅能帮助企业在竞争激烈的市场中站稳脚跟,还能在长远的发展中保持企业的活力和创新能力。

(三)价值实现

制定竞争策略以掌控创新价值,是价值创造的最终目标,也是新兴企业赖以生存和获得竞争优势的关键,构成了高效商业模式的核心逻辑之一。尽管许多新兴企业可能是新技术或新产品的引领者,但并不意味着它们能成为创新收益的享有者。未能重视创新价值的获取和实现是根本原因。

价值实现的路径包括选择价值链中的关键角色以及对商业模式细节的保密。价值链中不同活动的增值潜力各异,占据了更大增值空间的活动的企业能够获得更大比例的价值创造,这直接影响创新价值的获取。有效的商业模式保护策略能防止利润被侵蚀,因而新创企业越是能保密自身创新,就越能长期保持创新优势。

综上所述,价值主张、价值网络和价值实现构成了商业模式的核心架构,也是构建有效商业模式的三大逻辑性原则。在商业模式的发展过程中,每个环节都是不可或缺的。只有当新兴企业严格遵循这些原则时,才能成功打造能够为顾客、企业及合作伙伴创造经济价值的商业模式。

四、构建商业模式的策略路径

设计商业模式是创业过程中一个动态探索、调整和完善的过程。在此过程中,创业者需深度分析自身资源、能力及外部环境,以制定恰当的策略。

（一）深入分析行业环境

商业模式的构建是一个涉及复杂决策的关键步骤,要求创业者对企业的资源、竞争力以及外界市场条件进行全面的分析。创业者必须评估自身的核心竞争力、优缺点以及外部的市场需求、竞争对手、行业发展趋势和法律政策等。通过全面的理解和评估,创业者能够做出更适宜的决策,进而构建有效的商业模式。

1. 目标客户群体的精确界定

构建商业模式的首要任务是明确企业服务的核心客户群体。这不仅包括对他们的基本需求和偏好的深入理解,还涉及对他们行为模式、购买动机和消费习惯的洞察。了解目标客户群体能够帮助企业更精确地设计产品或服务,确保所提供的解决方案能够完美匹配客户的期望和需求,从而提升客户满意度和忠诚度。

2. 独特价值主张的精心制定

清晰界定企业能为客户带来的独特价值和服务是至关重要的。企业的价值主张需要明确地传达企业如何解决客户的痛点,或是提供无法从竞争对手那里获得的独特体验。良好的价值主张能够有效地凸显企业的竞争优势,吸引目标客户,提升市场竞争力。

3. 收益来源的多元探索

企业需要深入分析和识别多种盈利方式。除了传统的销售收入外,企业还可以探索订阅费、会员服务、广告收入等多样化收益模式。同时,企业还应制定合理的定价策略,确保既能吸引顾客,又能保证较高的利润率。

4. 运营模式的持续优化

优化企业的运营流程和提升工作效率是降低成本、增加利润空间的关键。通过采用先进的技术、改进供应链管理、优化生产流程等措施,企业可以有效降低运营成本,提高服务质量和客户满意度。

5.合作伙伴关系的深度发展

与关键供应商、分销商及其他合作伙伴建立稳固的合作关系,对降低成本、提升产品质量和扩大市场覆盖范围至关重要。通过共享资源、技术和市场信息,合作伙伴之间可以共同创造更大的价值,实现互利共赢。

6.市场策略的创新制定

设计有效的市场推广和品牌建设策略,对于提升企业的知名度和市场占有率至关重要。通过社交媒体营销、内容营销等手段,企业可以有效地触达目标客户群,提升品牌影响力。

通过对以上关键方面的全面考量,创业者可以为其商业模式的成功打下坚实的基础,实现企业的长期发展和市场竞争力的提升。

(二)全面评估企业能力

商业模式的设计不仅受外部市场环境的影响,更与企业内部的条件密切相关。在设计商业模式的过程中,企业的内部条件成为决策的重要依据,因为任何商业模式的变革都需在企业的核心战略方向和核心资源的基础上进行。因此,企业在设计商业模式时,必须充分考量自身的现状和内部条件。

在构建商业模式的过程中,企业必须仔细考量以下内部条件,以确保模式的有效性和可持续性:

1.核心资源和能力的精准界定

企业需要明确识别其核心竞争力所在,包括技术创新、品牌影响力、市场渠道的广泛覆盖、人才的专业能力和创新思维。这些核心资源是企业获得并维持竞争优势的基石,它们不仅支持商业模式的构建和实施,还能确保企业在面对市场变化时的灵活性和适应性。

2.内部流程和运营模式的系统优化

通过对内部流程和运营模式的持续优化,企业能够有效提升运作效率,同时降低操作成本。这种优化不仅包括物流、供应链管理的改进,还涉及财务管理、信息技术系统等方面的创新,为企业在激烈的市场竞争中构建坚实的基础。

3.企业文化和价值观的深度塑造

积极、开放的企业文化和明确、共享的价值观对确保企业内部团队的凝聚力和执行力至关重要。它们是驱动企业在商业模式创新和变革中稳定发展的精神力量,帮助团队成员积极面对挑战和机遇。

4.组织结构和人力资源的高效管理

灵活的组织结构和有效的人力资源管理机制能够促进内部沟通和协作，提高决策和执行的效率。同时，合理的人才配置和激励措施可以充分发挥员工的潜力，提升企业的整体竞争力。

5.技术创新和研发能力的持续加强

在技术日新月异的今天，企业的研发能力和对技术创新的重视程度直接影响其商业模式的创新性和前瞻性。不断探索和应用新技术不仅能够为企业带来新的商业机会，也是推动企业长期发展的关键动力。

6.风险管理和内部控制的严密建立

有效的风险管理和内部控制体系是保障企业稳健运营的重要保障。通过建立全面的风险评估和应对机制，企业能够在商业模式调整和市场变化中及时识别和管理潜在的风险。

总而言之，在商业模式设计阶段，企业需充分利用内部资源和条件，确保所设计的商业模式的有效性和实施可行性。通过对内部条件的全面分析和评估，企业能够制定出更加符合市场和自身发展需要的商业模式，实现长期的发展和竞争力的提升。

五、商业模式构建的框架原则

商业模式设计关注的是企业的价值实现，是企业的商业逻辑表达方式和产品服务盈利方式。在创业培育期，创业者一旦完成机会识别，就要开始商业模式的设计开发，即新业务如何开展、怎样盈利，需要考虑如何制定核心战略、构建合作网络、建立顾客关系、培育和配置独特资源，以及形成价值创造的方法，并将它们反映在商业计划书中。加里·哈默尔认为，有效的商业模式必须包括七个关键要素：核心战略、战略资源、价值网络、顾客界面、顾客价值、结构配置和企业边界。只有充分掌握这些要素的重点以及彼此间的整合和搭配关系，才能设计出独特的商业模式。

（一）核心战略要素

商业模式设计需要考虑的第一个要素是核心战略，它描述了企业如何与竞争对手进行竞争，主要包括企业使命、产品和市场定位、差异化基础等基本要素。

企业使命描述了企业为什么存在及其商业模式预期实现的目标。或者说，使命表达了企业优先考虑的事项以及衡量企业绩效的标准。

产品和市场定位应该明确企业所集中专注的产品和市场，因为产品和市场的选择直接影响企业获取利润的方式。

差异化基础分为成本领先战略和差异化战略。采用成本领先战略的企业努力在产业内获取最低的成本，并以此来吸引顾客。相反，采用差异化战略的企业以提供独特而差别化的产品，以质量、服务、时间或其他方面为竞争基础。在大多数情况下，新创企业采用成本领先战略往往很困难，因为成本领先要求规模经济，这是需要花费时间的；而差异化战略对新企业却十分重要，因为这是取得顾客认可的有效方式。

（二）战略资源要素

战略资源指的是企业为实现其目标所依赖的核心能力和关键资产，是企业建立差异化竞争优势的基石，也是企业成功不可或缺的要素。

核心能力特指新创企业在开发产品或服务、拓展市场时所具备的独特技术或能力，这些是企业领先竞争对手的关键，对顾客的价值感知产生重大影响，且具有较强的不易模仿性。无论是短期还是长期，企业的核心能力都发挥着至关重要的作用。短期来看，它能够助力企业实现市场的差异化定位，创造独特价值；从长期角度看，利用核心能力在补充性市场上确立优势地位也极为重要。成功案例表明，企业在一两个特定领域的卓越远比在多个领域的平庸更为有效。因此，新兴企业应专注于培养核心能力，集中资源投入核心业务，成为服务市场的专家。

关键资产则指企业拥有的稀缺且有价值的资源，如工厂、设施、地理位置、品牌、专利、客户数据库、优秀人才和独特的合作伙伴关系等。新企业应该注重创新性地构建这些资产，为顾客创造更多价值。

（三）价值网络要素

价值网络的构建基于开放合作和共享价值的原则，旨在提高产业效率和优化价值创造。通过资源、产业链、价值链以及价值网络等多层面的整合，企业可进行全方位的价值创新，从而探索和构建自身的商业模式路径。

在实际操作中，不管是大型企业还是小型企业，在做出投资决策时，往往倾向于专注某一产业的单一业务。然而，是否专注特定业务并不是决定性因素，关键在于企业是否能通过商业模式创新来最大化地发挥自身资源的潜力。为实现资源价值的最大化，企业需考虑两个主要方面：第一，企业需要打破传统产业界限，引入多元化业务组合，使资源在特定业务领域发挥最大效用；第二，构建业务间的互补逻辑，将普通业务转变为能够相互支持的业务组合，实现卓越业绩。

一个优秀的商业模式还应考量产业链各环节的盈利模式，确保产业链上下游均能获利。这一点区别于其他经营模式，不仅关注企业自身盈利，也顾及合作伙伴的盈利，体现了商业模式设计的全面性和系统性。

（四）顾客界面要素

新企业针对特定的目标市场，构建友好的顾客界面是影响商业模式效果的重要因素。顾客界面是指企业如何适当地与顾客相互作用，以提供良好的顾客服务和支持，主要涉及销售实现和支持、定价结构两方面。

顾客实现和支持描述的是企业产品或服务进入市场的方式，或如何送达顾客的方法，也指企业利用的渠道和提供的顾客支持水平。所有这些都影响企业商业模式的形式与特征。

价格往往是顾客接受产品的首要因素，创业者必须使用合理的定价方法制定有效的价格。新企业的价格结构必须符合顾客对产品或服务的价值认知，即顾客能够接受的价格是顾客愿意支付的价格，而不是在产品成本基础上一定比例的加成。

（五）顾客价值要素

顾客价值在企业战略规划和执行过程中扮演着至关重要的角色，它是企业核心战略与顾客需求之间的桥梁，确保企业的战略方向与顾客的期望相一致，从而为顾客创造实际的价值和益处。

首先，企业需要通过深入的市场研究，准确地识别那些尚未被充分满足的顾客需求，并将这些需求作为企业战略制定的出发点。这意味着，企业的产品开发、市场定位策略必须专注于填补市场空白，提供与众不同的顾客体验和价值，从而区别于竞争对手。

其次，提供卓越的顾客服务是实现顾客价值的关键。这不仅包括在销售前提供全面的产品信息和咨询服务，销售中提供便捷的购买流程，还包括销售后的持续支持和服务，确保顾客的使用体验和满意度。通过这些细致周到的服务，企业能够与顾客建立信任关系，形成良好的品牌和口碑。

最后，独特的产品和服务是吸引和保留顾客的重要手段。企业应通过不断的创新，开发出真正能够解决顾客问题、满足其需求的产品和服务。这种独特性不仅体现在产品的功能和性能上，也可以是服务体验、品牌形象，甚至是企业价值观的体现。

在建立顾客服务体系和制定产品定价策略时，企业必须确保这些策略与核心战略相匹配，共同支撑企业的长期发展目标。正确的定价策略能够反映企业对于顾客价值的理解和尊重，同时也能够保证企业的盈利性和市场竞争力。

总之，顾客价值是企业制定和实施核心战略、建立顾客服务体系的核心原则。它不仅是企业成功吸引和留住顾客的关键，更是企业能否在激烈的市场竞争中生存和发展的根本所在。通过不断地创造和提升顾客价值，企业可以建立持久的竞争优势，实现可持续发展。

（六）结构配置要素

结构配置在战略管理中扮演着至关重要的角色，它搭建了核心战略与战略资源之间的桥梁，确保两者之间形成有效的协同作用。结构配置主要强调如何将企业的战略资源与其核心战略紧密结合，从而实现战略目标，并在竞争激烈的市场中获得持续的竞争优势。

战略资源包括技术、人才、品牌、知识产权等，是企业实施核心战略的根本基础。没有充足和恰当的战略资源，企业将难以有效执行其战略计划，更不用说实现其长期的战略目标了。因此，企业在制定产品开发计划和市场扩张策略时，必须紧密围绕其核心能力和关键资产来进行。历史和实践反复证明，这种以核心竞争力为中心的战略配置方法能够为企业带来显著的竞争优势和经济效益。

核心战略的制定和实施应当充分发挥企业战略资源的优势，不仅要在现有的市场和业务领域创造更多价值，还要通过资源的优化配置和利用，构建起难以逾越的竞争壁垒。这要求企业不断地对其资源和能力进行创新和升级，以适应市场变化和技术进步，保持其在行业中的领先地位。通过这样的结构配置，企业能够有效地利用其独特的资源和能力，实现差异化竞争策略，最终在竞争中脱颖而出。

综上所述，结构配置不仅是战略资源与核心战略之间协同的桥梁，更是企业实现战略目标、保持竞争优势的关键。通过有效的结构配置，企业可以确保其战略资源得到最佳利用，同时也能够在不断变化的市场环境中，灵活应对，持续创新，进而实现可持续发展和价值最大化。

（七）企业边界要素

企业边界是连接企业战略资源与伙伴网络的界面，其内涵在于企业要根据所掌控的核心能力和关键资源来确定自身在整个价值链中的角色。传统的企业边界观点是建立在成本收益原则基础上的，一种产品是企业自己生产还是从市场购买取决于产品的边际成本，产品的边际成本等于交易成本之处就成为企业的边界。现代企业边界观点把企业为什么存在以及企业应该有多大的基础问题归为企业竞争能力的问题，其中企业的核心能力与关键资源决定了企业应该做什么。企业只有围绕其核心能力与关键资源开展业务才可能建立起竞争优势。尤其是新企业，在创建之初把有限的资源与能力集中于自己所长之处是争取成功的关键。

第六章 创新创业项目管理

第一节 项目启动与执行

在当今快速变化的商业环境中,项目启动与执行的过程对确保创新创业项目的成功具有重要意义。这一过程不仅关系到项目能否按计划进行,更直接影响到创业成果的质量和效率。

项目启动是整个项目管理的第一步。它涉及定义项目目标、组建团队、规划资源和制订初步执行计划等多个方面。这一阶段的主要任务是确保项目有一个清晰的方向和坚实的基础,为后续的顺利执行奠基。在项目启动阶段,大学生创业者需要深入分析市场需求,明确自己的创业愿景,同时评估资源的可用性,制订实际可行的计划。

随后的项目执行阶段是将计划转化为行动,是实现项目目标的关键时期。在这一阶段,良好的项目管理能力显得尤为重要,包括监控项目进度、协调团队合作、管理资源使用以及应对可能出现的风险和挑战。对大学生创业者而言,这意味着他们要扮演领导者的角色,引导团队向目标前进,灵活应对项目实施过程中可能遇到的各种问题。

在大学生创新创业活动中,项目管理的核心价值体现在以下几个方面:第一,它帮助创业者系统地组织和规划创业活动,提高了创业项目从概念到市场的转化效率;第二,良好的项目管理实践能够提升资源使用的效率;第三,通过有效的风险管理和决策支持,项目管理为创业者提供了一种方法论,帮助他们在不确定性中寻找机会,增加项目成功的概率;第四,项目管理还促进了团队成员之间的沟通和协作,为团队提供了实现共同目标的平台。

因此,对于大学生创业者而言,掌握项目管理的知识和技能,不仅能够帮助他们更有效地启动和执行创业项目,更是在未来的创业道路上走得更远、更稳的关键。通过深入理解项目管理的重要性和核心价值,大学生创业者可以将自己的创新想法转化为具有竞争力的商业成果,实现自己的创业梦想。

一、项目启动阶段

在创业的过程中,项目启动阶段是至关重要的一环。这一阶段为项目的顺利进行奠定基础,涉及目标设定、团队构建、资源规划、风险管理以及时间管理等关键活动。每一项活动都需要创业者和项目管理者精心策划和执行。关于项目启动,之前的内容有一些涉及,这里不再深入,仅做简单描述。

(一)确定项目目标

项目的成功始于明确的目标设定。创业者需要清晰地定义项目的最终目标和预期成果,这些目标应是具体的、可量化的,且可实现的。此外,明确项目范围和限制条件对于防止项目范围蔓延同样重要,它帮助团队集中资源和注意力在核心任务上,确保项目按时按质完成。

(二)组建项目团队

一个高效、协作的团队是实现项目目标的关键。在项目启动阶段,创业者需要筛选并组建一支具有项目所需技能和经验的团队。每位团队成员的角色和责任应明确分配,以确保团队成员间的有效沟通和协作。建立适宜的团队沟通和协作机制,如定期会议、团队建设活动,可以增强团队凝聚力,提高工作效率。

(三)进行资源规划

资源是项目实施的基础,包括资金、设备、人力等。在项目启动阶段,创业者需要评估项目实施所需的所有资源,并制订获取和分配这些资源的计划。合理的资源规划可以确保项目在有效的成本控制下顺利进行。

(四)风险管理计划

任何项目都存在不确定性,因此识别潜在风险并制定相应的应对策略是至关重要的。

风险包括财务风险、市场风险、技术风险等各方面的风险。通过制订风险管理计划，项目团队可以在风险发生时迅速采取行动，最小化风险对项目的影响。

（五）项目时间表和里程碑

制订详细的项目执行计划和时间表，对于确保项目按期完成至关重要。这涉及将项目分解为一系列可管理的任务，为每个任务分配时间和资源，并确定项目的关键里程碑和检查点。里程碑不仅可以监控项目的进度，还可以作为团队成员努力的具体目标，有助于提升团队士气。

总之，项目启动阶段的各项活动为项目的成功实施奠定了坚实的基础。通过明确的目标设定、高效的团队构建、周密的资源规划、全面的风险管理以及精准的时间管理，创业者可以确保项目顺利进行，为创业项目的成功打下坚实的基础。

二、项目执行阶段

项目执行阶段是将计划转化为行动、理念转变为成果的关键时期。在这一阶段，创业者和项目管理者需紧密跟踪项目进展，确保各项任务高效完成，同时维护团队士气和项目质量。

（一）执行计划

成功的项目执行依赖于对项目计划的严格遵守。项目管理者需要确保所有任务按照既定的时间表和质量要求执行，及时调整计划以应对实际情况的变化。管理项目进度的关键在于设定清晰、可衡量的里程碑，可以使用项目管理软件跟踪任务完成情况，及时与团队成员沟通进展和调整任务分配。

（二）质量控制

质量控制是确保项目成果达到预期标准的必要环节。通过实施质量管理措施，如定期的质量检查、同行评审和性能测试，项目管理者可以确保产品或服务的质量符合项目要求。定期评审项目成果并根据反馈进行必要的调整，是保证项目质量和持续改进的关键。

（三）团队管理与领导

高效的团队管理和领导对于项目成功至关重要。项目管理者应提供明确的指导和支持，激发团队成员的积极性和创造力。解决团队内部冲突、建立开放的沟通环境、确保团队成员能够协同工作，是提升团队凝聚力和提高工作效率的重要措施。

（四）沟通管理

有效的沟通管理是项目管理的重要组成部分，它涉及项目内外部的所有沟通活动。项目管理者应确保所有项目参与者，包括团队成员、客户和其他利益相关者，都能够及时获取项目进展信息。定期的进度报告和会议可以保持信息的透明度，促进各方之间的理解和合作。

（五）资源和成本控制

项目执行阶段需严格监控资源使用和成本支出，避免资源浪费和预算超支。通过实施成本控制措施，如成本预测、定期的财务审查，项目管理者可以确保项目成本在可控范围内，资源得到有效利用。

（六）风险与问题处理

项目执行过程中可能会遇到各种预料之外的风险和问题。项目管理者需要持续监控潜在风险，一旦识别到风险，应立即执行预先制定的风险应对措施。对执行过程中出现的问题，项目管理者应采取积极措施解决问题，避免问题的累积影响项目的进度和成果。

三、项目监控与调整

项目监控是一个持续的过程，旨在实时跟踪项目的进度和性能，确保各项工作按照计划执行，及时发现问题并采取措施进行纠正。这一过程需要创业者建立有效的监控机制，比如定期的项目进度会议、性能指标分析等。通过这些机制，创业者可以及时获取项目的实时状态，包括成本控制、时间管理和质量保证等关键方面的信息。

当监控结果显示项目实施与计划存在偏差时，创业者需要根据反馈信息和实际情况及时进行调整，包括调整项目计划、重新分配资源、修改目标或改变实施策略等，在确保项目目标实现的同时，也为团队提供学习和成长的机会。

四、项目收尾

项目收尾是整个项目管理过程的最后阶段，它标志着项目所有工作的完成和项目成果的正式交付。在这一阶段，创业者需要进行项目结果的评估，检查最终成果是否符合预定目标和客户需求，是否满足质量标准，以及项目实施过程中的成本和时间是否得到有效控制。

完成项目评估后，进行项目总结是必不可少的步骤，包括总结项目成功的因素、分析存在的问题和不足、提取宝贵的经验教训。这些经验对于创业者和团队未来的项目管理实践具有重要的参考价值，可以帮助他们在未来的项目中避免犯相同的错误，不断优化管理方法和工作流程。

项目监控和调整以及项目收尾是大学生创新创业项目管理过程中不可或缺的两个环节。它们不仅确保了项目目标的实现，也为团队的持续改进和成长提供了支持。通过这些环节的有效执行，创业者和其团队可以不断提升项目管理能力，推动创业项目取得成功。

第二节 项目风险的管理

项目风险管理的核心作用在于帮助创业者识别、评估、监控以及应对项目实施过程中可能遇到的各种风险，以确保项目目标顺利完成。有效的风险管理不仅可以预防和减轻潜在问题的影响，还能提高资源的使用效率，增强项目团队应对突发事件的能力，从而保障项目按时按质完成。此外，良好的风险管理还能增强投资者和利益相关者的信心，为项目的持续发展奠定坚实的基础。

因此，对于每一个创新创业项目来说，建立和实施一套全面有效的风险管理策略是不可或缺的。它不仅能够帮助创业者系统地应对各种可预见和不可预见的挑战，更是创业者在复杂多变的市场环境中稳步前行、实现创业梦想的关键所在。通过对项目风险的深入理解和有效管理，大学生创业者可以在创业的过程中减少不必要的损失，抓住有利机遇，从而提高项目成功的概率。

一、项目风险管理的概念和重要性

项目风险管理是指识别、评估、监控和控制项目过程中可能出现的风险，以减少这些风险对项目目标的负面影响。项目风险可以定义为任何不确定的事件或条件，如果发生，将对项目产生正面或负面的影响。因此，项目风险管理的核心目标是最大限度地减少潜在的负面影响，同时寻求机会来优化项目成果。

在创新创业的背景下，项目风险管理尤为重要。首先，项目风险管理有助于减少创业失败的概率。创业项目通常面临诸多不确定性，包括市场需求的不确定性、技术开发的复杂性、资金筹集的困难以及法律法规的变化等。通过系统地识别和评估这些风险，并制定相应的应对策略，创业者可以更有信心地推进项目，避免一些可预见的问题，从而降低项目失败的风险。

其次，有效的项目风险管理还能提高资源使用效率。在资源有限的创业环境中，如何高效地使用每一个资源成为项目成功的关键。通过对潜在风险的评估，项目团队可以更加明智地分配资源，优先解决可能对项目影响最大的问题，避免资源在低优先级或低风险的活动上浪费。

最后，项目风险管理还可以增强团队对风险的适应能力。在创业过程中，团队往往需要在变化多端的环境中快速做出决策。拥有良好的风险管理机制可以帮助团队提前预见和准备应对各种可能的变化，从而在面对风险时保持灵活性和韧性。

二、风险识别的方法和工具

项目风险管理是创业过程中不可或缺的一环，它涉及对潜在风险的识别、评估和应对。为了有效地识别这些风险，创业者可以采用多种工具和方法，其中包括 SWOT 分析、德尔菲法、风险清单和头脑风暴等。

（一）SWOT 分析法

通过 SWOT 分析，创业者可以明确自身的核心竞争力，识别需要改进的地方，抓住市场机会，并提前规避或准备应对潜在的威胁。SWOT 分析的结果为项目的风险管理提供了坚实的基础，使创业者能够有针对性地制定策略。

（二）德尔菲法

德尔菲法是一种系统的、基于专家意见的预测方法，通过多轮匿名问卷来收集和汇总专家对未来发展趋势、事件可能性和影响的看法。这种方法特别适合识别和评估那些难以直接量化的风险，如技术进步的速度、市场需求的变化等。通过德尔菲法，创业者可以利用行业专家的知识和经验，更准确地预测未来趋势和潜在风险，为项目决策提供支持。

（三）风险清单

创建风险清单是一种快速直接的风险识别方法，通过参考过去类似项目的经验和行业内的标准做法，列出可能影响项目的常见风险。风险清单不仅包括市场风险、财务风险、技术风险和人力资源风险等，还应该详细到具体的风险事件，如关键员工流失、原材料价格波动等。这样的清单可以帮助项目团队系统地考虑各种潜在问题，确保没有重要的风险被忽略。

（四）头脑风暴

头脑风暴是一种集体创意技巧，通过团队讨论的形式鼓励成员自由地表达和思考，以识别可能影响项目的风险。这种方法有助于挖掘团队成员的创意，特别是挖掘那些在日常工作中可能被忽视的非常规风险。头脑风暴不仅可以促进团队的沟通和协作，还能够确保风险识别过程的全面性和创新性。

综合运用这些工具和方法，可以使创业者在项目规划和执行阶段对风险有更深入的理解和准备，从而提高项目成功的概率。正确识别风险是有效风险管理的第一步，也是建立项目管理框架的基础。通过以上方法和工具的应用，创业者可以更系统、更全面地识别项目中可能遇到的风险，为后续的风险评估和应对措施的制定奠定坚实的基础。正确地识别风险是有效风险管理的前提，也是确保项目能够顺利进行并最终成功的关键步骤。

三、风险评估

项目风险评估是项目风险管理过程中的一个核心环节,其目的在于系统地识别项目中可能遇到的风险,并对这些风险的影响级别及发生概率进行评估。通过对风险的深入评估,项目团队能够更有效地制定应对措施,减少风险对项目目标的潜在影响。风险评估通常包括定性和定量两种评估方法,两者相结合可以为项目风险管理提供全面的支持。

定性评估主要关注风险的性质和影响,通过描述性的方式来识别和分析风险。这一过程通常涉及风险的识别、风险影响的分析以及风险优先级的确定。在定性评估中,项目团队可以利用专家访谈、头脑风暴、SWOT 分析等方法和工具来识别潜在的风险,之后,通过团队讨论,评估各个风险对项目目标可能产生的影响大小以及发生的可能性,进而确定风险的优先级。

定量评估则通过数学和统计方法来衡量风险的概率和影响,为项目决策提供更为精确的数据支持。这种方法包括敏感性分析、概率分析、预期货币价值分析等。定量评估可以帮助项目团队更精确地了解风险可能带来的财务影响,为资源分配和风险应对策略的制定提供量化的依据。

定性评估侧重于通过专家经验和团队讨论来识别风险的性质和影响,而定量评估则利用数据和统计方法来计算风险发生的可能性和其潜在影响。这两种评估方法虽各有侧重,但共同的目标是深入理解项目面临的风险,从而制定有效的管理策略。

在此基础上,风险矩阵的构建成为一种将风险评估结果可视化的强有力工具,它帮助项目团队将理论转化为实践,优先处理重要风险。通过绘制风险发生概率(一般作为横轴)与风险影响级别(一般作为纵轴)的交叉分析图,风险矩阵能够清晰地显示各种风险在矩阵中的位置,使得项目团队能够直观地看到哪些风险是必须优先关注的。

使用风险矩阵时,项目团队会将风险按照发生的概率和影响程度分成不同的级别,常见的分类包括"低风险""中等风险"和"高风险"。这种分类方法使得团队能够根据风险的严重性采取不同的应对策略。对那些被划分在"高风险"区域的风险,项目团队需要制订详尽的风险应对计划,包括采取预防措施、制定应急方案,甚至考虑对项目计划进行重大调整以规避风险。

此外,风险矩阵还有助于提高项目团队对风险管理重要性的认识,通过这种直观的方式,团队成员可以更容易地理解风险管理在项目成功中的关键作用,并促进团队就如何降低风险和处理潜在问题达成共识。这种共识对确保项目顺利进行至关重要。

四、项目风险的应对策略

在项目管理中，针对潜在风险制定有效的应对策略是确保项目顺利进行的关键。风险的应对策略主要包括风险规避、风险减轻、风险转移和风险接受等基本形式。选择哪种策略取决于风险的性质、影响程度以及项目团队的风险承受能力。同时，灵活的应对策略，如制订应急计划和备选方案，也是应对不确定性的重要手段。

（一）风险规避

风险规避是通过采取措施避免特定风险发生的策略。这通常意味着改变项目计划或范围，以绕开可能导致风险的活动。例如，如果某项技术的应用存在较大不确定性，可能会选择更为成熟的技术方案以规避技术风险。风险规避是一种较为保守的策略，适用于那些对项目成功影响极大的风险。

（二）风险减轻

风险减轻是指采取措施降低特定风险发生的概率或其对项目的影响。这种策略旨在控制风险，而不是完全避免风险。通过增加额外的资源、调整项目计划或改进工作流程等手段，项目团队可以有效减轻风险。例如，在面临项目进度风险时，可以通过增加人力资源或实施更为高效的项目管理方法来减轻风险。

（三）风险转移

风险转移是通过将风险的某些影响转嫁给第三方来管理风险的策略，通常涉及合同安排或保险。例如，项目团队可能通过与供应商签订合同，将材料成本上涨的风险转移给供应商，或者通过购买保险来转移潜在的法律风险。风险转移是一种有效的策略，尤其适用于那些难以通过内部措施来控制的风险。

（四）风险接受

风险接受是在评估风险后，决定不采取特别行动，而是接受其可能带来的后果的策略。

这种策略通常适用于那些影响较小或应对成本高于潜在损失的风险。在选择风险接受时，项目团队应准备好应对风险发生时的影响。

除了上述基本的风险应对策略外，灵活性在风险管理中同样重要，包括制订应急计划和备选方案，以应对项目实施过程中可能出现的意外情况。应急计划应包含详细的应对措施、责任人和沟通计划，确保在风险发生时能够迅速有效地应对。同时，备选方案的准备可以为项目提供更多选择，增强项目适应性和韧性。

总而言之，项目风险的有效管理需要项目团队采取综合的风险应对策略，结合项目的实际情况灵活调整。通过精心规划和周密执行，创业项目可以在面对不确定性和挑战时保持稳定的发展，最大限度地实现项目目标。

五、风险监控和控制

风险监控和控制系统不仅能够确保项目团队及时识别和应对新出现的风险，还有助于持续优化项目的风险管理策略。有效的风险监控和控制系统包括两个关键环节：持续跟踪风险的发展变化以及定期进行风险复审。

（一）持续跟踪风险

持续跟踪风险要求项目团队建立一个实时的监测系统，这一系统能够覆盖项目执行过程中所有可能遇到的风险因素，以及这些因素对项目目标可能造成的影响。实现这一点，通常需要设置一系列监控指标和警报系统。这些指标和系统能够帮助项目团队在风险达到某个预定的阈值时及时发现问题，并采取事先规划好的应对措施。例如，项目成本超支可能是一个警报指标，一旦项目成本超出预算的一定比例，项目团队就需要采取措施进行调整。

此外，有效的风险监控还依赖团队成员之间的密切沟通和协作。这意味着项目团队需要定期分享风险信息，确保所有成员都能够对可能的风险有所准备，并共同参与风险应对措施的制定和执行。

（二）定期进行风险复审

定期进行风险复审对于项目成功至关重要，因为它能够帮助项目团队适应项目和外部环境的变化。通过定期复审，项目团队可以确保风险管理策略始终与项目目标和实际情况保持一致，同时也可以发现和纠正之前未被识别或被低估的风险。

团队可以采用多种方法和工具进行有效的风险复审，如 SWOT 分析、风险矩阵更新、专家咨询等。这些方法可以帮助团队全面审视项目风险，并制定针对性的调整措施。此外，引入外部专家或利益相关者参与复审过程，可以为团队提供新的视角和建议，进一步增强风险管理的有效性。

总之，通过建立有效的风险监控和控制系统，并定期进行风险复审，项目团队可以确保对项目风险的持续管理和及时应对。这不仅有助于提高项目成功率，还能够增强团队对不确定性的适应能力，为创新创业项目的顺利实施提供坚实的保障。

在大学生创新创业的征途上，项目风险管理扮演着至关重要的角色。它不仅可以帮助创业者识别和评估潜在的风险，更为重要的是，还可以通过制定和执行有效的风险应对策略，显著降低这些风险对项目目标的负面影响。这一过程确保了项目能够在面对不确定性和挑战时，仍然保持稳定的发展方向和节奏，极大地提高了项目成功的概率。

项目风险管理的实施，要求大学生创业者不仅要具备对市场和技术等外部环境的敏感性和洞察力，还需要掌握风险管理的基本原理和方法，包括如何对风险进行识别、评估、监控和控制。更重要的是，大学生创业者需要建立一种积极主动的风险管理文化，鼓励团队成员共同参与风险管理，共同面对和解决问题。

第三节 项目进度控制与优化

项目进度控制与优化在任何创业活动中都是至关重要的，对于大学生创新创业项目更是如此。它不仅关系到项目能否按时交付，还直接影响项目的质量和成本。在竞争激烈和资源有限的创业环境中，有效地控制和优化项目进度，确保项目按计划进行，是项目成功的关键。

大学生创新创业项目面临的挑战尤为特殊。首先，大学生团队往往缺乏实际的项目管理经验，这使得他们在项目规划和执行过程中可能遇到更多的不确定性和风险。其次，资源限制也是一个重要的挑战。相比于成熟企业，大学生创业项目往往拥有较少的资金、技术和人力资源，这要求他们在项目管理过程中必须更加注重效率和控制成本。最后，创新项目本身的不确定性也给项目进度控制和优化带来了额外的难度。大学生创业项目往往寻求通过新技术或创新商业模式来打破常规，这种创新性质意味着项目团队需要在探索未知的同时，保持项目的进度和方向。

一、设定实际可行的项目时间表

设定一个实际可行的项目时间表不仅有助于确保项目按时完成，还能够提高资源使用效率，降低成本，并最终提升项目的整体成功率。

（一）重视项目规划初期的时间表设定

项目时间表的设定应从项目规划的初期开始。在这个阶段，创业者需要明确项目的目标、范围以及主要的活动和任务。通过将项目分解为一系列较小的、可管理的任务，创业者可以更容易地估计每项任务所需的时间，并据此制定整个项目的时间表。

此外，考虑到创业项目通常面临较大的不确定性，设定时间表时应留有一定的灵活性空间，以便应对项目执行过程中可能出现的意外情况。例如，可以为关键任务预留缓冲期，确保即使遇到不可预见的延误也能按时完成项目。

（二）采用适合创业项目的工具进行时间管理

在快节奏且充满挑战的创业环境中，高效的项目管理是初创企业成功的关键之一。为此，选择合适的项目管理工具显得尤为重要。这些工具不仅需要简单易用，以便快速部署和采纳，还需要功能强大，以支持复杂的项目管理需求。项目管理软件如 Trello、Asana 和 JIRA 等，通过提供直观的界面和灵活的任务管理功能，成为创业团队协作和项目管理的强大助手。

这些软件使团队成员能够在一个共享的平台上创建、分配和跟踪任务。每个任务都可以指定具体的负责人和截止日期，同时支持添加详细的说明和附件。这种透明度确保每个团队成员都对自己的职责有清晰的了解，同时也能实时掌握项目的整体进展情况。

此外，Trello、Asana 和 JIRA 等工具支持团队协作和沟通，提供评论、@提及和实时通知等功能，使得团队成员之间的沟通更加高效。特别对于远程团队或者分布在不同地点的团队来说，这种实时交流和协作能力极大地提升了工作效率和项目管理的灵活性。

项目管理工具的选择需要考虑团队的工作方式、项目的复杂度以及预算等因素。一些工具可能适合小型或中型项目，而另一些则可能配备了管理大型项目所需的高级功能。无论选择哪种工具，关键在于确保它能够帮助团队提高工作效率，促进沟通协作，从而支持项目按时完成。

总之，对于初创企业来说，采用合适的项目管理工具是保证项目按计划进行、提高团队协作效率的重要手段。通过综合考虑项目需求和团队偏好，选择并有效利用这些工具，可以为初创企业的成长和成功提供有力支持。通过在项目规划初期就重视时间表的设定，并采用适合的工具进行时间管理，创业者可以更好地控制项目进度，及时应对挑战，最终实现项目目标。

二、进度监控的方法

项目进度监控是确保创业项目按计划顺利推进的关键。它涉及对项目进度的持续跟踪和评估，以便及时发现偏离计划的情况并采取相应措施进行调整。

（一）定期检查和评估项目进度

项目进度的定期检查和评估是确保项目能够顺利按时完成的关键。这一过程不仅有助于项目团队及时发现和解决问题，还能够提升项目团队的协作效率，确保项目目标的实现。

从项目的启动阶段开始，定期的进度检查就应该成为项目管理的常规活动，贯穿项目的整个生命周期。通过设定固定的时间点来进行这些检查，比如每周或每两周一次，项目团队能够确保所有成员对项目的当前状态有清晰的认识，同时对未来的工作计划保持一致的理解。

项目团队还应该进行定期的进度检查会议。这种集体讨论的形式能够促进信息的共享和交流，帮助团队成员共同识别项目进展中的挑战和机遇。项目管理者和团队成员可以利用这些会议的机会，将实际进度与预定计划进行对比，从而准确评估项目是否按计划推进。这不仅包括时间表的遵循情况，也涵盖了项目预算的使用情况和资源的分配效率。

项目管理者不仅要关注任务完成的时间，还要评估任务完成的质量是否达到了项目的标准和要求。通过对已完成任务的质量进行评估，项目管理者可以确保项目的每一个环节都符合预期，保障项目最终的成功交付。

如果在定期检查和评估过程中发现了进度偏差或质量问题，项目管理者必须迅速采取纠偏措施，如重新分配项目资源、调整任务的优先级，或者在必要时与利益相关者沟通，以便调整项目的范围或目标。在某些情况下，项目团队可能还需要制订应急计划来应对突发事件或未预见的挑战。

总之，项目进度的定期检查和评估确保了项目团队能够及时发现问题，并采取有效措施进行纠正。通过持续的监控和评估，项目管理者可以保持对项目进展的全面掌控，从而提高项目成功的可能性，并确保项目按计划顺利完成。

（二）使用项目管理软件和工具跟踪任务完成情况

在现代项目管理实践中，利用专业的项目管理软件和工具已成为推动项目按计划顺利进行的主要做法。这些软件和工具提供了全面的项目管理功能，极大地简化了项目进度的监控和管理过程。

项目管理软件如 Asana、Trello 或 JIRA 等支持项目管理者和团队成员在各个阶段的需求。从项目启动到完成，它们提供了一整套解决方案，包括任务分配、进度跟踪、资源管理和报告生成等功能。这使得项目管理者可以在一个统一的平台上规划和监控整个项目的进展，而不是依赖分散的工具或手动的方法。

例如，通过使用这些软件，项目管理者可以轻松地创建详细的项目计划，明确各个任务的责任人、开始和结束日期，并根据项目的实际进展实时更新这些信息。这样的动态规划和更新机制，确保了项目计划始终反映最新的状态，有助于项目管理者识别可能的延误风险，并及时采取措施进行调整。

同时，团队成员也可以通过这些工具实时更新自己任务的完成情况，上传相关文档和报告，从而促进了团队内部的沟通和协作。这种即时的进度更新和信息共享机制，不仅提高了项目团队的工作效率，也加强了项目团队的透明度。

此外，进度报告和可视化图表的生成功能也是项目管理软件的一个重要优势。项目管理者可以利用这些功能，轻松生成包含关键性能指标的综合进度报告和图表，为项目决策提供有力的数据支持。这些报告和图表不仅有助于项目团队内部了解和评估项目的整体进展情况，也可以作为与高层管理者、客户或利益相关者沟通的重要工具。

综上所述，利用项目管理软件和工具进行项目进度监控，为项目团队提供了一个高效、协作和透明的工作环境。这不仅提高了项目管理的效率和准确性，也为实现项目目标创造了有利条件。

三、识别和处理进度偏差

在管理项目时，及时识别和处理进度偏差是确保项目按时完成的关键。由于资源有限和经验不足，这些项目更容易出现进度偏差。因此，了解如何有效地监测进度，并在必要时进行调整，对于维持项目进展至关重要。

（一）及时识别项目进度的偏差

有效的项目进度管理和偏差识别对于确保项目按时完成至关重要。除了建立清晰的项目进度计划和定期收集与比较进度数据之外，还有多种方法和策略可以帮助项目团队及时发现并应对进度偏差。

1. 实施定期的进度评审

定期的进度评审会议是识别和处理进度偏差的重要机制。在这些会议中，项目团队成员可以分享各自的工作进展，讨论遇到的挑战和问题，并对比项目计划与实际进展。这不仅有助于项目管理者及时发现进度偏差，促进团队成员间的沟通和协作，也有助于其识别问题的根源，进而提出解决方案。

2. 使用项目管理软件

现代项目管理软件提供了强大的进度跟踪和分析功能，可以自动比较实际进度与计划进度，及时发现偏差。这些软件通常允许项目管理者自定义设置预警系统，当项目进度、预算或资源消耗等关键性指标偏离既定阈值时，自动触发警报。此外，项目管理软件还可以使进度可视化，使项目状态一目了然，进一步加强偏差识别的效率和准确性。

3. 采用敏捷方法

在某些情况下，采用敏捷方法可以增强项目对变化的适应性，从而减少进度偏差的发生。敏捷方法强调灵活性和迭代进展，通过短周期的工作冲刺和定期回顾，项目团队可以持续评估项目进度并做出快速调整。这种方法特别适合需求不断变化或不确定性较高的项目，可以有效避免大规模的进度偏差。

4.建立沟通渠道

确保项目团队、客户和其他利益相关者之间有有效的沟通渠道也是及时识别和解决进度偏差的关键。良好的沟通可以确保所有相关方对项目的期望和进展保持一致,及时分享信息和反馈,及时发现潜在的风险和问题,并采取相应的预防或纠正措施。

综上所述,通过建立清晰的项目计划、定期评审进度、利用项目管理软件、采用敏捷方法和建立有效的沟通渠道等多种策略,项目团队可以有效识别和应对进度偏差,确保项目目标的顺利实现。这些方法的有效结合,将为项目管理提供一个坚实的基础,进而提高项目成功率。

(二)分析偏差原因并采取相应措施进行调整

在项目管理过程中,及时识别并分析进度偏差的原因是至关重要的步骤,它能够帮助项目团队准确掌握项目的实际状态,并采取有效措施确保项目能够回归正确的轨道。进度偏差的原因多种多样,涵盖了项目管理的各个方面。

项目团队需要细致审查项目计划,包括资源的分配是否得当、是否有足够的人力和物力支持当前的项目进度等。同时,项目团队也需要检查项目是否遇到了未预见的技术挑战,这些挑战是否影响了项目的进展。此外,团队内部的协作和沟通是否顺畅,也直接影响项目进度的执行效率。

不仅如此,外部因素同样会对项目进度产生影响。市场的快速变化可能会改变项目的优先级或需求,供应链中出现的问题可能导致资源供应不足,而法律法规的变动可能要求项目需要进行额外的调整以符合新的规定。这些外部因素都需要项目团队进行仔细分析,以便及时应对。

在明确进度偏差的原因之后,项目团队应根据实际情况采取相应的调整措施。如果是资源分配不合理,项目团队可能需要对资源进行重新分配,确保关键任务能够获得足够的支持。面对未预见的技术难题,项目团队可能需要引入新的技术解决方案,或者调整项目范围以规避技术风险。优化工作流程,提高团队协作的效率,也是常见的调整措施之一。

对于由外部因素引起的进度偏差,项目团队需要重新评估项目的风险管理计划,制定针对性的应对策略,确保项目能够适应外部环境的变化。在进行任何调整时,都必须确保这些调整措施与项目的总体目标和优先级相符,避免偏离项目的最终目标。

及时与所有利益相关者进行沟通是十分重要的。项目团队需要明确地向利益相关者报告进度偏差的发生、原因分析以及采取的调整措施,以保持信息的透明度和开放性。

四、持续改进与学习

在创业项目管理中，持续改进与学习是提高项目执行效率和成功率的关键。通过系统地从每个项目执行过程中学习和总结经验教训，创业者不仅能够提升当前项目的管理质量，还能够为未来的项目积累宝贵的知识和经验。

在项目执行过程中，每一个阶段、每一次决策和每一个挑战都是创业者学习和成长的机会。这些经验，无论是源于成功还是失败，都构成了项目团队宝贵的资产。因此，对项目进行全面的回顾和分析，成为提升未来项目管理实践的关键环节。

项目结束时进行的回顾和分析，不仅是对项目成果的总结，更是对整个项目管理过程的深度反思。通过组织项目回顾会议，项目团队可以共同回顾项目从启动到结束的整个过程，详细讨论每个阶段的实施情况，以及项目管理中的成功做法和需要改进的地方。这些讨论应涵盖项目规划的合理性、执行过程的有效性、监控和控制的严密性，以及团队沟通和协作的流畅度等多个方面。

鼓励开放和诚实的交流是进行有效回顾的前提。这意味着每位团队成员都应分享他们的经历和感受，包括项目中遇到的挑战、解决问题的创新方法，以及个人的成长和学习。这样的环境不仅有利于挖掘项目中的深层次教训，还有助于增强团队成员之间的信任和理解。

对于从项目回顾中提炼出的经验教训，文档化并妥善存储是确保这些宝贵知识得以长期保留的有效方式。这些文档应包括项目的成功经验、遇到的问题及解决方案、项目管理过程中的关键学习点，以及对未来项目的建议等。将这些文档保存在易于访问的知识库中，可以确保团队成员在面对类似情况时能够迅速查阅，从而在后续项目中避免犯相同的错误，借鉴成功的模式。

通过这种系统的回顾和总结过程，项目团队不仅能够从每个项目中学习具体的管理经验和技能，还能够在组织层面积累起宝贵的知识资产。这对于提高项目管理效率、提升团队凝聚力，以及推动组织持续成长具有深远的意义。因此，项目结束时的回顾和分析，应被视为项目管理不可或缺的一部分，为项目团队创造更加成功的未来奠定基础。

将从项目实践中学到的经验教训有效地应用于后续项目的进度管理中，是推动项目管理持续改进的核心。这不仅能够帮助创业者和项目团队避免重复过去的错误，还能够促进项目管理实践的创新和优化。为此，建立一个有效的反馈循环至关重要，它确保项目团队能够系统地收集、分析和利用项目经验，从而在未来的项目中实施更为有效的进度管理策略。

有效的反馈循环始于对项目经验的系统收集和记录。例如，项目团队在某个项目中遇到了因对任务的依赖性分析不足而导致的延误，这一经验就应该被详细地记录下来。基于这一反馈，项目团队在后续项目的规划阶段就应该加大对任务之间依赖关系的分析和管理力度，避免类似问题的再次发生。

项目进度控制与优化在大学生创新创业中扮演着至关重要的角色。这不仅关系到能否按时交付项目成果，而且直接影响项目的整体质量和成本效益。对于正在探索和实践新创意的大学生创业者来说，有效的项目进度管理不仅可以帮助他们更好地应对项目实施过程中的各种挑战，还能够提高资源利用效率，增加项目成功的可能性。

在高度竞争和快速变化的市场环境中，采用系统的方法和工具对于实现项目进度控制与优化尤为重要，包括但不限于制订详细的项目计划、运用项目管理软件进行进度跟踪、定期进行项目复审以及应用风险管理策略等。通过这些方法和工具，大学生创业者可以更有效地监控项目进展，及时识别和解决可能出现的问题，确保项目按计划顺利进行。

因此，鼓励大学生创业者不断学习和掌握现代项目管理的知识和技能，是非常必要的。无论是通过课堂学习、在线课程，还是实践经验的积累，持续提升项目管理能力都将对他们的创业之路产生深远的影响。具备良好的项目管理能力不仅能够帮助他们在当前项目中取得成功，还能够为他们日后在更为复杂多变的商业环境中立足提供宝贵的支持。

总之，项目进度控制与优化是大学生创新创业成功的关键因素之一。通过采用系统的方法和工具，大学生创业者可以更好地管理项目进度，应对挑战，不断提高自身的项目管理能力。这不仅有助于他们实现当前的创业目标，也为他们未来的职业生涯奠定坚实的基础。

第七章　创新创业项目评估与改进

第一节　项目成果评估

在大学生创新创业活动中，项目成果评估是一个至关重要的环节，它不仅帮助创业者和项目团队衡量项目的实际成效，还能为未来的项目提供宝贵的经验和教训。项目成果评估涉及对项目目标的实现程度、项目过程中的管理效率以及项目对目标市场的实际影响等多个方面。

一、项目目标的实现程度

项目成果评估是创业项目管理的重要环节，它不仅帮助创业者衡量项目的成功程度，还为其未来的决策提供了依据。一个全面的项目成果评估过程应该深入项目的每一个方面，从项目的具体输出到其长远的商业影响，都需要进行细致的审视和分析。

评估项目是否达成其既定目标的第一步是检查项目的具体产品或服务是否按照预定要求完成，涉及比较项目的最终输出与项目计划中定义的目标和标准。例如，如果一个项目旨在开发一个新的移动应用，那么评估的焦点将包括应用的功能、性能和用户界面是否满足了项目计划中的规格要求。

同时，项目的商业目标实现情况也是项目成果评估的重要组成部分，包括市场份额的扩大、品牌知名度的提升、新客户的获取以及客户保留率等。评估商业目标时，创业者需要收集相关的市场销售数据进行定量分析，如分析销售额的变化、用户增长率以及市场份额的变动情况。这些数据可以直观地反映项目在市场上的表现和商业价值。

除了定量分析外,定性分析也是项目成果评估中不可或缺的部分,包括对用户满意度、客户反馈以及市场的整体反应的分析。定性分析可以通过用户调查、客户访谈或社交媒体反馈等方式进行。这类分析帮助创业者深入理解项目成果对用户和市场的实际影响,包括产品或服务的接受度、市场的需求变化以及品牌形象的变动情况。

总之,项目成果评估是一个综合性的过程,它要求创业者从多个维度对项目成果进行审视和分析。通过这一过程,创业者不仅能够评估项目是否达成了既定目标,还能够识别项目中的优势和不足,为未来的项目规划和决策提供宝贵的信息和经验。因此,创业者应当重视项目成果的评估工作,将其作为项目管理过程的重要组成部分。

二、项目过程中的管理效率

在大学生创新创业项目中,对项目过程中的管理效率进行综合评估是至关重要的。这一评估不仅涵盖了项目的最终成果,还深入项目实施过程中的各个环节,如团队协作的效率、资源的分配与利用,以及风险管理的有效性等。这样的评估有助于创业者全面理解项目管理的整体表现,从而为其未来项目的成功实施提供有力的支持和改进方向。

(一)项目团队的有效协作

在大学生创新创业项目中,团队的有效协作是实现项目目标的关键。团队成员之间的互动方式、沟通的顺畅程度以及每个人的角色和职责的明确性,都对项目的最终成果产生深远影响。因此,对团队协作效率的评估不应被忽视,它是确保项目成功的重要步骤之一。

首先,沟通的畅通至关重要。项目团队成员之间需要频繁地交流思想、分享信息、讨论问题和协调行动。有效的沟通不仅能够确保信息的准确传递,还能够促进团队成员之间的理解和信任,减少误解和冲突。因此,评估团队沟通的畅通性,识别存在的沟通障碍,并采取措施优化沟通渠道和方式是非常必要的。

其次,高效的团队协作是项目成功的另一个关键。这不仅意味着团队成员能够共同努力朝着共同的目标前进,还意味着团队成员能够有效地利用各自的技能和知识共同解决问题。评估团队协作的高效性、了解团队成员如何协同工作,以及是否能够充分发挥团队的整体优势,对提升团队的整体表现至关重要。

最后,团队成员各自的职责是否明确,直接关系到团队协作的顺畅程度和项目的顺利进行。每个团队成员都应该清楚自己的角色、职责和预期贡献，这有助于提高个人的工作效率和团队的整体表现。因此，对职责分配的合理性进行评估，确保每个团队成员都能在其擅长和负责的领域内发挥最大的作用是非常重要的。

通过对以上关键因素的评估，创业者可以准确地识别团队协作中的优势和不足。针对识别出的问题，如沟通障碍和任务分配不合理等，创业者需要及时采取措施进行改进，包括优化沟通渠道、加强团队建设、重新分配任务和职责等。此外，定期组织团队反馈和复盘会议，也是不断提升团队协作效率的有效手段。

总之，团队的有效协作对大学生创新创业项目的成功至关重要。通过对团队协作效率的细致评估和采取针对性的改进措施，创业者可以建立一个高效、和谐的项目团队，为实现项目目标提供强有力的支持。

（二）资源的合理利用

资源的合理利用对确保项目管理的高效性和经济性至关重要，尤其是对于资源受限的大学生创新创业项目来说更是如此。在项目管理过程中，对财务资源、人力资源以及其他物质资源的使用情况进行细致的评估，能够帮助创业者深入了解资源管理的当前状态，从而在资源分配和利用方面做出更加明智的决策。

1. 财务资源的管理

财务资源是项目成功的重要支撑，项目是否能够在预算范围内完成，直接关系项目的财务健康。超出预算可能导致项目资金短缺，甚至影响项目的持续进行。因此，创业者需要密切关注项目支出，及时调整预算，确保每一笔开支都能为项目带来价值。对于预算使用的效率和效果进行评估，可以帮助创业者识别成本过高或投资回报率低的领域，从而采取措施进行优化。

2. 人力资源的优化

人力资源是项目执行的动力，团队成员的技能、经验和努力程度直接影响项目的进度和质量。因此，确保人力资源的有效利用，是提升项目管理效率的关键。这涉及是否有明确的任务分配、是否充分考虑了团队成员的技能和兴趣，以及是否提供了足够的培训和支持等问题。通过对人力资源管理的评估，创业者可以发现团队配置不当或人才利用不足的问题，并通过调整团队结构或提高团队能力来解决这些问题。

3.物质资源的分配

除了财务资源和人力资源以外,其他物质资源如办公设备、原材料等的合理利用也不容忽视。项目团队需要确保这些资源得到了有效的管理和使用,避免资源浪费或不足。例如,对于需要大量原材料的项目,合理预测需求量、优化采购计划和库存管理都是提升物质资源利用效率的重要措施。

总之,资源的合理利用是评估项目管理效率的重要维度。通过对财务资源、人力资源以及其他物质资源使用情况的深入分析和评估,创业者可以全面了解资源管理的有效性,从而找到提升资源利用效率的切入点。对于资源有限的大学生创新创业项目而言,有效的资源管理不仅可以提升项目的经济性,还能增加项目成功的概率,为项目带来长远的发展优势。

(三)风险的有效控制

在项目管理中,风险管理占据了极为关键的位置,尤其是在变化莫测的创新创业环境中。项目团队不仅需要及时地识别和评估潜在的风险,还要制定切实可行的应对策略,并确保这些策略能够被有效地执行。因此,对项目过程中的风险管理进行综合评估,是评价项目管理效率的一个重要方面。

1.及时识别潜在风险

及时识别潜在风险是有效风险管理的第一步。这要求项目团队不仅要有敏锐的风险感知能力,还需要建立一套系统的风险监测机制。通过定期的项目审查、环境扫描和利益相关者的反馈收集等手段,团队可以在风险发生前预见到潜在的问题,为风险预防和应对提供足够的准备时间。对及时识别风险的能力进行评估,可以帮助创业者了解团队在风险感知和预防方面的效率。

2.制定有效的风险应对措施

识别风险之后,制定有效的风险应对措施是确保项目稳步推进的关键,包括为不同类型风险设计具体的应对策略,比如风险避免、风险转移、风险缓解和风险接受等。在评估项目团队在这一方面的能力时,需要考量团队是否能够根据风险的性质和严重程度,制订合理的应对计划,并准备相应的资源和措施。

3.确保风险应对措施的有效执行

风险应对措施的制定只是风险管理的一部分,确保这些措施得到有效执行同样重要。

这需要项目团队有良好的执行力和变通能力，以应对风险管理过程中可能出现的各种意外和变化。对执行过程的评估可以揭示团队在实际操作中应对风险的能力，包括策略执行的及时性、适应性和效果性。

综合评估项目过程中的风险管理能力，不仅可以帮助创业者了解团队在风险预防和应对方面的表现，还能够为未来的项目规划提供宝贵的经验和启示。通过识别风险管理过程中的优点和不足，创业者可以在后续的项目中制定更为有效的风险管理策略，从而减少不确定性对项目的影响，提升项目成功的可能性。风险管理的持续改进和优化，是提高项目管理效率的重要途径之一，也是创业成功的关键因素。

综上所述，对项目过程中的管理效率进行综合评估，能够帮助创业者从团队协作、资源利用以及风险控制等多个维度深入了解项目管理的表现。通过识别实施过程中的优点和不足，创业者可以有针对性地制定改进措施，提升项目管理方法，优化团队协作流程，实现资源的更高效利用，并加强风险管理。

三、项目对目标市场的实际影响

评估项目对目标市场的实际影响是项目成果评估的另一个关键方面。这一评估不仅关注项目本身的输出，更重视项目成果在实际市场环境中的应用和效果，即项目是否真正满足了目标市场的需求，以及目标用户对产品或服务的接受度和满意度。

（一）评估项目在解决市场需求方面的有效性

项目的成功在很大程度上取决于它是否能够有效解决目标市场的具体需求。这一点对于大学生创新创业项目尤为重要，因为大学生创新创业项目通常以创新和满足未被充分解决的市场需求为出发点。因此，深入理解目标市场的需求特性及其演变趋势，对于项目的规划和实施至关重要。这不仅需要创业者在项目启动之前进行充分的市场调研，还需要在项目执行过程中持续关注市场动态，以确保项目方向与市场需求保持一致。

1.深入理解市场需求

成功的项目始于对目标市场需求的深刻理解，包括识别市场上的痛点、用户的偏好、竞争对手的状况以及行业趋势等。创业者需要通过市场调研、用户访谈、数据分析等手段收集信息，从而构建一个全面的市场需求画像。深入了解市场需求不仅有助于项目团队明确产品或服务的开发方向，还能帮助创业者在项目规划和实施过程中做出更加精准的决策。

2.基于需求设计和实施项目

基于对市场需求的理解，项目的设计和实施应紧密围绕如何有效满足这些需求展开。这意味着创业者需要将市场需求转化为具体的产品特性、服务流程或解决方案，并在项目实施过程中不断调整和优化，以更好地适应市场变化和用户反馈。有效的需求匹配不仅能提升产品的市场接受度，还能提高用户的满意度和忠诚度。

3.项目成果与市场需求的匹配程度

项目执行之后，对项目成果与市场需求之间匹配程度的评估是衡量项目成功的关键，包括分析产品或服务是否解决了目标用户的实际需求、用户对产品的反馈是否积极，以及项目是否在目标市场上获得了预期的认可和回应。创业者可以通过用户调研、市场分析报告和销售数据等多种手段来评估项目的市场有效性。

项目是否成功地解决了目标市场的具体需求，不仅是衡量项目成功与否的重要标准，也是项目未来可持续发展的关键。通过持续评估项目成果与市场需求的匹配程度，并基于评估结果进行必要的调整，创业者可以确保其项目始终紧跟市场需求，从而在竞争激烈的市场环境中获得成功。

（二）评估项目成果的市场接受度和喜爱度

项目成果是否能够获得目标用户的喜爱，直接决定了项目在市场上的实际影响力和商业成功的可能性。在当今以用户为中心的市场环境中，用户的反馈和体验变得尤为重要。即便一个项目在技术层面达到了高水平的成就，但是最终的产品或服务不能满足用户的实际需要或者未能提供足够吸引人的使用体验，其在市场上的表现往往难以令人满意。因此，创业者在项目规划和实施的每个阶段都应将用户反馈作为重要参考。

1.收集用户反馈

有效收集用户反馈是衡量项目成果市场影响的关键。创业者可以采取多种方法收集反馈，如在线调查、用户访谈、产品测试会等。这些直接或间接的反馈渠道都能为创业者提供宝贵的用户体验信息。例如，通过用户访谈，创业者可以深入了解用户对项目成果的真实感受，以及他们对产品或服务的具体需求和期待。

2.分析用户满意度

用户的满意度是评估项目成果市场影响的又一重要指标。通过分析用户反馈中的正面和负面意见，创业者可以评估项目成果在不同方面的表现，如易用性、功能性、设计美观度等。用户满意度的高低直接反映了项目成果是否真正解决了用户的问题，是否提供了价值，并且在多大程度上达到了用户的期望。

3.接纳用户的改进建议

用户反馈中包含的改进建议是项目持续优化的宝贵资源。创业者应该重视这些来自市场的声音，将其视为项目改进和创新的灵感来源。对用户改进建议的认真考虑和采纳不仅能提升产品或服务的市场竞争力，还能提高用户的忠诚度和参与感。通过不断调整和优化，创业项目可以更好地适应市场变化，满足用户日益增长和多样化的需求。

总之，项目成果是否能得到目标用户的接受和喜爱是项目成功的决定性因素之一。通过积极主动地收集和分析用户反馈，创业者不仅可以评估项目的市场影响，还可以发现改进和创新的机会，从而使项目在激烈的市场竞争中脱颖而出。

四、实施项目成果评估的意义

进行项目成果评估对于大学生创业者来说是一个重要的学习和发展机会。这一过程具有多重意义，它不仅能够为创业项目带来即时的反馈，还能够为未来的创业活动奠定坚实的基础。

（一）客观评估项目成就与不足

项目成果评估使创业者能够从一个更为客观的视角审视整个项目，从而清晰地认识项目在实施过程中取得的成就以及存在的不足。通过与项目的初始目标进行比较，创业者可以明确哪些目标已经达成，哪些目标未能达成，并对未实现的目标进行深入分析。这种客观的自我审视有助于创业者理解项目偏差的原因，如资源分配不当、市场判断失误、执行力不足等，为下一步的发展方向提供明确的指引。

（二）积累经验提升管理能力

项目管理过程的反思和总结是项目成果评估中的另一个关键环节。通过对项目规划、执行、监控和收尾等各个阶段的评估，创业者可以积累宝贵的管理经验，包括如何有效地组织团队、如何高效地利用资源、如何应对突发事件和风险等。这些经验不仅有助于创业者提升个人的项目管理能力，还能增强团队协作和解决问题的能力。

（三）理解市场动态优化产品服务

通过对项目在市场上的表现进行评估，创业者可以获得对市场动态的深入理解。这一过程涉及分析产品或服务的市场接受度、用户反馈、竞争状况等，能够帮助创业者洞察市场需求的变化趋势。基于这些信息，创业者可以对产品或服务进行优化调整，改善用户体验，提升产品的市场竞争力。此外，对市场影响的评估还能够帮助创业者制定更为精准的市场策略，以更有效地满足用户需求，促进企业的持续成长和发展。

综上所述，进行项目成果评估对大学生创业者而言极为重要。它不仅能够帮助创业者客观评估项目的成就与不足，更是一个积累经验、提升管理能力、优化产品服务的宝贵过程。通过这一过程，创业者可以为自己在不断变化的市场环境中赢得更多的成长机会和竞争优势。

总之，项目成果评估是大学生创新创业活动中不可或缺的一环。通过系统的评估过程，创业者不仅能够衡量项目的成功程度，还能够从中学习和成长，为未来的创业之路奠定坚实的基础。

第二节　项目改进策略

在大学生创新创业的过程中，项目改进策略是推动项目向前发展、适应变化和提升竞争力的关键。面对激烈的市场竞争和快速变化的技术环境，大学生创业者需要持续地审视和优化他们的项目，确保创业项目能够实现长期成功。

一、持续研究市场

对于大学生创业者而言，深入理解市场并根据市场变化灵活调整项目方向，是项目成功的关键。市场的动态性要求创业者不仅在项目初期进行全面的市场研究,而且在整个项目实施过程中持续监控市场的变化,包括跟踪最新的市场趋势、消费者需求的演变,以及竞争对手的策略和行动。通过持续的市场研究,创业者可以获得宝贵的信息,指导项目的发展方向,确保项目成果能够紧密贴合市场需求和用户期望。

持续的市场研究能够帮助创业者把握目标市场的脉动,包括市场趋势、消费者行为的变化以及行业内的创新动态。这种持续的关注和分析能够为项目提供及时的市场反馈,使创业者能够在必要时调整产品特性或营销策略,以更好地满足市场和消费者的需求。

为了有效地收集和分析市场信息,大学生创业者可以采用多种方法:

问卷调查:通过设计和发放问卷调查,创业者可以直接从目标用户那里获得反馈,了解他们的需求和偏好,以及对现有产品或服务的看法。

社交媒体分析:利用社交媒体分析工具,创业者可以追踪和分析消费者在社交平台上的讨论和意见,从而获得对市场趋势和消费者需求的即时见解。

竞争情报收集:通过监控竞争对手的活动,包括他们的市场策略、产品发布和营销活动等,创业者可以了解竞争环境,找到自身的差异化定位。

基于持续的市场研究和分析结果,创业者应该及时调整项目方向。这可能涉及对产品功能的增减、目标市场的细分,甚至是对商业模式的调整。只有通过不断的迭代和优化,项目才能更紧密地与市场需求对接,增加成功的概率。

市场的动态变化是创新创业项目成功的决定性因素之一。对于大学生创业者而言,持续进行市场研究,深入了解目标市场的最新趋势和需求变化,以及竞争对手的动态,对于指导项目发展方向、优化产品和服务以满足市场需求至关重要。通过问卷调查、社交媒体分析和竞争情报收集等方法,创业者可以有效地收集和分析市场信息,为项目的成功打下坚实的基础。

二、采用敏捷项目管理方法

对于大学生创业者来说,采用传统的项目管理方法可能难以满足创业项目对灵活性和适应性的要求。因此,敏捷项目管理方法,如 Scrum 和 Kanban,成为更为合适的选择。这些敏捷方法强调快速迭代、持续反馈和团队协作,能够帮助创业项目更有效地应对市场和技术的变化,确保项目的成功。

（一）敏捷项目管理的优势

敏捷项目管理方法的核心在于其灵活性和适应性。通过短周期的迭代和持续的反馈循环，敏捷方法可以帮助项目团队快速响应变化，实时调整项目方向和优先级。这种方法特别适合需求不断变化的创业环境，可以大大减少因市场变化或技术挑战而导致的时间和资源浪费。

（二）Scrum 和 Kanban

Scrum 作为一种广泛认可的敏捷项目管理框架，已经在全球范围内被无数创新创业项目成功采用。它的核心优势在于其提供了一套灵活、动态的工作机制，特别适合那些需求快速变化、创新速度要求高的项目。通过实施 Scrum，项目团队可以在短时间内高效地完成复杂任务，快速响应市场和客户需求的变化。

Kanban 则是另一种敏捷方法，它通过可视化工作流程来帮助团队更有效地管理任务。Kanban 板是此方法的核心，它展示了任务从待办到完成的整个流程，使团队能够实时监控工作进度和瓶颈。Kanban 支持持续交付和灵活的优先级调整，非常适合需要频繁和快速响应变化的项目。

（三）定期项目回顾和计划调整

无论采用哪种敏捷方法，定期的项目回顾和计划调整都是确保项目目标和活动与当前业务环境和目标市场保持一致的关键。通过定期回顾，项目团队可以总结经验教训，识别成功点和改进区域，并根据最新的市场信息和项目状态调整后续的工作计划。这种持续的自我反思和优化过程，有助于创业者提高项目成功率，同时也促进了团队成员的成长和发展。

总之，在创业过程中，敏捷项目管理方法提供了一种灵活、高效的方式来指导项目实施。通过采用 Scrum 或 Kanban 等方法，以及定期进行项目回顾和计划调整，大学生创业者可以确保其项目能够快速适应市场和技术的变化，从而提高项目的成功率。

三、强化团队协作

在大学生创新创业项目中，构建一个高效、协作的团队不仅是项目成功的重要保障，也是培养团队成员潜力的基石。项目成功的路径往往充满挑战，因此大学生创业者需要特别重视团队建设,确保每位团队成员能够在一个开放、积极的沟通氛围中发挥最大的潜力。

(一)营造开放、积极的沟通氛围

沟通是团队协作的基础。一个开放、积极的沟通氛围能够鼓励团队成员分享想法、提出问题并提供反馈,从而促进灵感的碰撞和问题的及时解决。为了营造这样的氛围,创业者需要积极倾听团队成员的意见,尊重每个人的观点,并鼓励团队成员之间的直接沟通。这种氛围的营造对于激发团队的创造力和解决复杂问题至关重要。

(二)利用团队协作工具

随着科技的发展,团队协作工具如 Slack、Microsoft Teams、Asana 等已成为提高团队沟通效率的有力工具。这些工具不仅提供了一个平台让团队成员能够即时沟通和分享文件,还支持任务管理、进度跟踪和协作编辑等功能。通过有效利用这些工具,团队可以在项目管理上保持透明度和同步性,大大提高了工作效率。

(三)定期组织团队建设活动和培训

团队建设活动和专业培训对于增强团队凝聚力和提升团队成员技能非常重要。定期组织这类活动,不仅能增加团队成员之间的了解和信任,还能帮助团队成员掌握新技能或提升现有技能。例如,团队建设活动可以是户外拓展、团队晚餐或是主题研讨会,而培训则可以是邀请行业专家进行分享、参加在线课程或是进行内部技能交流。这些活动有助于塑造一个学习成长、相互支持的团队文化。

构建一个高效、协作的团队对于大学生创新创业项目的成功至关重要。通过营造开放、积极的沟通氛围,利用先进的团队协作工具,并定期组织团队建设活动和培训,创业者可以有效提升团队的沟通效率、凝聚力和整体竞争力。一个团结一致、技能全面的团队是走向成功的关键。

四、应用新技术

在当今这个快速变化的时代,技术不仅是推动社会进步的关键因素,也是创新创业项目取得成功的重要驱动力。对于大学生创业者来说,紧跟技术发展的步伐,了解和掌握新兴技术的应用，是提升项目创新性和竞争力的关键。技术的融入和应用可以在多个层面为创业项目带来变革和优势。

（一）优化市场策略

在当今数据驱动的商业环境中，大数据分析技术扮演着至关重要的角色。这种技术的应用不仅可以提高创业项目的市场适应性和竞争力，还能够帮助创业者以数据为基础做出更加明智的决策。

1.精准理解市场需求和消费者行为

大数据分析技术使得创业者能够通过分析来自各渠道的海量用户数据，获得对市场需求和消费者行为的深入理解。这些数据分析结果可以揭示消费者的偏好、购买习惯和行为模式，帮助创业者理解目标市场的细微差别。通过数据分析，创业者可以发现未被充分满足的需求或新兴的市场趋势，从而找到潜在的市场机会。

2.定制个性化的营销策略

基于对市场需求和消费者行为的精准理解，创业者可以定制更加个性化的营销策略，包括为不同的用户群体设计定制化的营销信息、推广活动和产品推荐，以更好地满足他们的具体需求和偏好。个性化的营销策略能够提高用户的参与度和满意度，从而更有效地吸引新客户并提高现有客户的忠诚度。

3.评估营销活动的效果

大数据分析技术还为营销活动的效果评估提供了强大的工具。通过分析营销活动前后的用户行为数据，创业者可以准确地评估营销活动的影响，识别哪些策略有效，哪些策略需要改进。这种评估涵盖各种指标，如用户参与度、转化率、点击率等，帮助创业者提高营销投入的回报率。

4.实时调整市场策略

在快速变化的市场环境中，能够迅速适应市场变化是创业成功的关键。大数据分析技术使创业者能够实时监控市场动态和营销活动的效果，及时发现新的市场机会或潜在的市场风险。这种实时的数据分析技术，使得创业者可以迅速调整市场策略，如改变营销信息、调整产品定价或优化产品功能，以更好地适应市场变化和消费者需求。

总之，大数据分析技术为创业者提供了一个强有力的工具，帮助他们在竞争激烈的市场中获得优势。通过精准地理解市场需求和消费者行为、定制个性化的营销策略、评估营销活动的效果，以及实时调整市场策略，创业者可以更有效地吸引和留住客户，实现创业项目的成功。

（二）提升产品智能化水平

人工智能（Artificial Intelligence, AI）和机器学习技术正在重塑我们理解和实施产品创新的方式。随着这些技术的快速发展，创业项目需要开发智能化和个性化的产品和服务，从而满足日益增长的市场需求和提高用户满意度。

1.智能客服系统

利用 AI 技术开发的智能客服系统可以提供 24 小时不间断的客户服务，能够实时响应，提供解决方案，甚至处理复杂的客户服务任务。这种系统通过自然语言处理技术理解用户的查询意图，并利用机器学习不断优化其响应。这不仅大幅提升了客户服务的效率，还能在提高客户满意度的同时，减少人力资源成本。

2.个性化产品推荐系统

AI 技术同样能够被用于开发个性化的产品推荐系统。通过分析用户的历史行为数据、购买记录和偏好，产品推荐系统可以精确预测用户可能感兴趣的产品或服务，并提供个性化的推荐。这种个性化的用户体验不仅能够显著提升用户满意度和忠诚度，还能驱动销售增长，为创业项目带来更高的收益。

3.优化运营效率和决策过程

AI 和机器学习技术还可以被用于优化创业项目的运营效率和决策过程。例如，通过 AI 和机器学习技术，创业项目可以实现自动化监控和管理、预测需求变化、优化库存管理，从而大幅提高运营效率和降低运营成本。此外，利用数据分析和机器学习模型，创业者可以从海量数据中提取信息，更加精准和高效地制定决策。

4.开拓新的业务模式和市场机会

AI 技术的应用还为创业项目开拓新的业务模式和市场机会提供了可能。通过创新地应用 AI 技术，创业项目可以开发出全新的产品和服务，满足市场上未被满足的需求，甚至创造出全新的市场需求。例如，个人健康助手、智能家居控制系统或在线教育平台等，都是利用技术创新来满足和创造用户需求的典型例子。

总之，AI 和机器学习技术的应用为创业项目带来了无限的创新机会和潜力。通过集成这些先进技术，创业者不仅能够提升产品和服务的智能化、个性化水平，还能优化运营效率，支持更加精准的决策制定，从而提升产品的市场竞争力，推动创业项目的成功。

（三）提高运营效率

在当今的数字化时代，云计算、物联网和自动化技术正成为推动创业项目高效运营的三大支柱。这些技术的应用不仅能够极大地提高运营效率，还能在很大程度上降低运营成本，为创业项目带来显著的竞争优势。

1.云计算：灵活部署IT资源

云计算技术为创业项目提供了一种灵活、可扩展的IT资源解决方案。借助云服务，创业者可以根据项目的实际需求，快速获取计算资源、存储空间和各种软件服务，无须在本地部署和维护昂贵的硬件设施。这种按需获取资源的模式，不仅可以加速项目的部署和市场响应速度，还可以根据业务量的变化灵活调整资源，从而有效控制运营成本。此外，云计算还提供了数据备份、恢复和安全保护等服务，保证了业务的连续性和数据的安全性。

2.物联网：优化生产过程

物联网技术将物理世界的设备连接到互联网，使得这些设备能够收集和交换数据，从而实现智能化的监控和管理。在创业项目中，物联网技术可以用于实时监控生产线的运行状态、环境条件和设备健康状况等，及时发现和解决生产过程中的问题，提高生产效率和产品质量。此外，物联网技术还支持远程操作和维护，减少对现场操作人员的依赖，进一步降低了运营成本。

3.自动化技术：提高运营效率

自动化技术通过减少人工操作和介入，提高了运营过程的效率和准确性。在创业项目中，自动化技术可以应用于多个领域，包括数据处理、客户服务、营销活动和财务管理等。通过自动化工具和软件，创业项目可以实现任务的自动执行、数据的自动分析和报告的自动生成等，大幅减少了对人力资源的需求，降低了错误率和操作成本。

综上所述，云计算、物联网和自动化技术的应用，为创业项目提供了高效、灵活的运营解决方案。通过充分利用这些先进技术，创业者可以构建起更加高效、可靠的运营体系，实现成本控制和运营优化，为创业项目的成功奠定坚实的基础。在未来，随着这些技术的持续进步和创新，它们将为创业项目带来更多的机会和挑战，创业者应持续关注并积极探索这些技术的应用潜力。

五、建立反馈机制

在创新创业项目中,获取及时有效的反馈不仅是评估项目表现的重要手段,更是推动项目持续改进和优化的关键动力。对于大学生创业者而言,建立一套高效的客户和市场反馈机制至关重要,包括但不限于客户满意度调查、用户体验测试和市场反馈收集等多种方式。这些反馈渠道能够为创业者提供直接或间接的意见和建议,帮助他们更好地理解用户需求、市场趋势以及项目本身的表现。

(一)客户满意度调查

通过定期进行客户满意度调查,创业者可以直接从用户那里获得反馈,了解用户对产品或服务的满意程度、用户的使用体验以及产品可能存在的问题。这些调查可以通过在线问卷、电话访问或面对面访谈等形式进行,旨在收集用户的真实感受和具体建议。

(二)用户体验测试

用户体验测试则更侧重于评估产品或服务的实际使用效果,包括易用性、交互设计、功能实现等方面。通过邀请目标用户参与产品的测试,创业者可以观察和记录用户在使用过程中的行为和反应,从而识别设计中的缺陷和改进空间。

(三)市场反馈收集

除了直接向用户收集反馈外,从市场中收集反馈也同样重要。这可以通过分析社交媒体上的公开讨论、竞争对手的市场表现、行业报告和研究等途径完成。市场反馈能够帮助创业者获得宏观视角,理解项目在更广泛市场环境中的位置和表现。

通过分析上述反馈信息,创业者不仅能够识别项目的优势和亮点,更能发现存在的不足和潜在改进空间。基于这些反馈,创业者可以及时进行调整和优化,如改进产品功能、优化用户体验、调整市场定位等。这种基于反馈的持续改进过程,有助于确保项目能够更好地满足用户需求和市场趋势,提升项目的整体竞争力。

总之,建立一套有效的客户和市场反馈机制,对于大学生创业者来说是至关重要的。这不仅能够为项目提供宝贵的改进意见,还能增强项目的市场适应性和创新能力,从而在激烈的市场竞争中占据有利地位。

参考文献

[1]马少华,郭彦鹏.大学生创新创业教育[M].北京：中国书籍出版社,2023.

[2]韩光.基于互联网+视阈的大学生创新创业教育研究[M].北京：北京工业大学出版社,2023.

[3]李明慧.大学生创新创业理论与技能指导[M].成都：四川大学出版社,2021.

[4]黄恒荣,马宁,李宪平.大学生创新创业基础与实践[M].上海：上海交通大学出版社,2021.

[5]姜家兴.大学生创新创业的理性指导与分析[M].北京：北京工业大学出版社,2021.

[6]邓峰.基于创新思维的大学生创新创业能力培养研究[M].北京：北京工业大学出版社,2022.

[7]单林波.大学生创新创业思维与方法研究[M].北京：中国商务出版社,2020.

[8]张瑜,范晓慧,金莹.大学生创新创业教育理论与实践研究[M].北京：中国书籍出版社,2022.

[9]崔永红.互联网+背景下大学生创新创业实践研究[M].北京：线装书局,2022.

[10]杨宝仁,王晶.互联网+环境下大学生创新创业教育研究[M].北京：中国纺织出版社,2022.

[11]王青迪.大学生创新创业教育与就业指导[M].上海：上海三联书店,2020.

[12]魏巍.大学生创新创业教育与能力培养研究[M].北京：九州出版社,2021.

[13]雷厉.大学生创新创业的法律保障机制研究[M].成都：四川大学出版社,2021.

[14]康家树,雷晓柱,徐良.新时代大学生创新创业教育研究与探索[M].哈尔滨：北方文艺出版社,2021.

[15]李建庆.大学生创新创业教育研究[M].成都：四川大学出版社,2019.

[16]程智勇.大学生创新创业素质培养与能力提升[M].成都：西南交通大学出版社,2021.

[17]黄娟.大学生创新创业素养的培养路径与策略[M].昆明：云南大学出版社,2021.

[18]康海燕，朱万祥."互联网+"大学生创新创业实践教程[M].北京：北京邮电大学出版社，2019.

[19]张景亮.大学生创新创业管理与人才培养模式研究[M].长春：吉林科学技术出版社，2020.

[20]颜廷丽."互联网+"背景下大学生创新创业能力培养研究[M].北京：北京理工大学出版社，2020.

[21]佟思睿.新时代大学生创新创业教育的融合发展研究[M].沈阳：辽宁大学出版社,2020.

[22]白云莉.大学生创新创业教育新模式研究[M].天津：天津科学技术出版社，2020.

[23]石燕捷.大学生创新创业教育新模式研究[M].天津：天津科学技术出版社，2020.

[24]马岳,陈亚矍,张兴燕.大学生创新创业策划案精选二[M].昆明：云南大学出版社,2020.

[25]王艳茹，王金诺.大学生创新创业指导[M].成都：电子科技大学出版社，2017.

[26]杨洪涛,周文,汤钦林,等.大学生创新创业指导[M].成都：电子科技大学出版社,2017.

[27]李容芳，谢强.大学生创新创业指导[M].成都：电子科技大学出版社，2017.

[28]肖鸿运，朱原.铸魂·筑梦·奋进：石油精神与大学生创新创业教育[M].成都：四川大学出版社，2022.

[29]周子卜，郭龙.契机·市场·灵感:关于大学生创新创业项目的市场营销策略[M].成都：四川大学出版社，2022.

[30]杨炜苗.大学生创新创业：企业家型创业者的培养[M].2 版.北京：中国传媒大学出版社，2022.